増補改訂版

「たま」という船に乗っていた

石川浩司

KOJI ISHIKAWA

「たま」という船に乗っていた

増補改訂版

石川浩司

もくじ

※本書は二〇〇四年にびあから刊行された同タイトルの増補改訂版です。発言は発売時のものになります。

まえがき

〜ランミングと坊主頭の秘密〜

俺は元来、人にジロジロ見られたり、気持ちを見透かされたりするのが何よりも嫌だった。できるだけ誰にも気づかれないようにふわーんと空気のように生活していたかったのだ。

しかしそんな話をするといつも決まって言われるのは、こうだ。

「おいおいおいおい、あんたそりゃおかしい。

だっておまえさんは、裸の大将の山下清《やましたきよし》のようにランニング一丁で桶だの缶カラだの叩いたり、坊主頭で変な動きをしたりしているじゃねえか。

それを目立ちたくないだぁ？

馬鹿こくじゃねぇ!!!

どう考えたって目立つでねぇか。

世の中にはなぁ、人より目立ちてぇ、目立ちてぇよぉぉという奴がゴマンといるだぞっ！

おめぇは自ら志願してそんただ格好してるんでねぇか。

そんで、そこそこいっときはテレビ出てたりして目立ったりしてたでねぇか。

かぁっ、いやらしい。受け狙いだっぺ！

その受け狙いのいやらしいトンガリ頭のおまえさんの口がもう一度『目立ちたくない』なんてほざいてみろ。

お、おら、おら、う、受け狙いのいやらしいトンガリ頭で福耳のおめぇさんの奥歯、ガタガタいわせたるでぇー!!!」

まぁ、そこまでは言われないものの、趣旨を要約して群馬県北群馬郡あたりの老人の言葉を借りて言うとこうなるだろう。

でもそれは違うのだ。それは全然違うのだ。説明させてくれい。うんにゃ、説明させてくださいませっ！

まず、ランニング一丁という格好。これは必然だったのだ。

最初の頃は俺だって、普通の服を着て演奏していたのだ。

でも、パーカッションというのは、案外と肉体労働なのだ。

演っているうちにどんどんグショグショになっていくのだ。

だから脱ぐのだ。

どんどん脱ぐのだ。

セーターを脱ぐのだ。

カッターシャツを脱ぐのだ。

そしてハタと気づくといつだってランニング一丁になっているのだ。

そこで俺は思ったのだ。脱ぐのは面倒臭い、と。だったら最初からランニング姿でいいじゃないか、と。合理的かつ実に男らしい決断なのだ。


次に坊主頭だが、俺は眠かったのだ。

眠かったので出かけなければならないギリギリまで眠っていたかったのだ。

でも出かけなければならないギリギリまで寝ていると、髪の毛をセットしている時間がないのだ。

変な髪の毛のまま交差点を渡るのだ。

変な髪の毛のまま切符を買って電車に乗るのだ。

変な髪の毛のまま振り向いてニコッと笑うのだ。

変な髪の毛は女の子にも嫌われるのだ。

「石川《いしかわ》さ〜ん。髪の毛、寝起きのままですよ〜クスクスクスクス」

と言われるのだ。

笑われるのだ。

言われたくないのだ。ましてや笑われたくないのだ。

じゃあ、言われないためにどうしよう。その主原因はなんだ。沈思黙考。

そうだ！

髪の毛が伸びてるからいけないんだ。

髪の毛が伸びてるから朝、髪の毛がセットできず変になるから言われたり笑われたりするのだ。

じゃあ、髪の毛をなくせばいいのだ。

簡単なことじゃないか、わっはっは！

でも、なくすといってもいろいろある。

スキンヘッドか。

いや、駄目だ。

スキンヘッドは確かに髪の毛はないが、代わりに主張がある。

メッセージがある。無言の抵抗がある。ファッショナブルだ。

ファッショナブルは駄目だ。

「まぁ、こちらファッショナブルねぇ〜」

とかマダムに言われるのはこっ恥ずかしい。

いただけない。

もしくはなんらかの諸事情による人には言えないところの複雑なあれやこれやそれやの理由での

アンチ・ファッショナブルだ。

アンチ・ファッショナブルは駄目だ。

いただけない。

「まぁ、こちらアンチ・ファッショナブルねぇ～」

とかマダムに言われたら、顔ではヘラヘラしながらも、

「なにお～ん！」

と思ってしまうだろう。

とにかくいずれにしろ両極端になってしまうスキンヘッドは駄目だ。

じゃあ角刈りか。

いや、角刈りもちょぃと困る。

なぜ困るかというと、角刈りはなんとなしに威勢がよい。それは好印象の時も悪印象の時もあるが、とにかく威勢がよい。

「あらよっ、とぉぉっ！」

という感じだ。

だけども俺は威勢はよくない。

人にものを尋ねられた時は案外ハキハキ答える。でもそれは会話の間が一定以上空いた時の人と人との間に流れる、深くて長い川にどんぶらこっこすっこっことはまって、海にシュルルーッと流されていくのがいやだからだけなのだ。

だから別に威勢がよいわけではない俺が威勢のよい格好をするのはなんとなく違う。

いやいや将来的に威勢のよい男になりたいというのならば、それでいいのかもしれない。形から入っていくうちに本物になっていくことも世の中には案外多いからな。

でも俺はそんな気持ちも夢も勇気ももっていないので、これはやめた。

と、なると、あと残っているのは丸刈りだけだ。

そうだ。

丸刈りでいいじゃないか。

いや、失礼。

丸刈りがいいじゃないか。

丸刈りは頭の形がよくわかる。

人は自分の頭の形を意外に知らない。特に若いうちは常に髪の毛で覆われているものだからついつい「頭の形」そのものの存在をすっかり忘れて日々、八宝菜を食べたり、スポーツ新聞を読んだり、爪を噛《かじ》ったりしてしまうのだ。そしてある時ひょんなことから自分の頭を触ってしまい、絶句するのだ。

「俺はこんな頭の形をしていたのか――――っ‼」と。

ある者は、

「こんなはずじゃない‼」

と壁に何度も何度も頭を叩きつけ血を流し、ある者は、

「へぇー、そういうことだったのかぁ」

と部屋の隅でトックリセーターを頭からすっぽりかぶりながら虚無的に笑い続け、ある者は夜中の三時にこっそり家人にわからないように家を抜け出し、歩道橋の上でウオオと号泣するのだ。

だから、現実は早く知った方がいい。そのためにはこれ丸刈り。男らしい選択だ。

ということで、ランニング姿と坊主頭が、いわゆる「目立とう根性」の発露ではないということは充分にわかっていただけたと思う。ありがとう。

しかしそれでも人はおかしいと言う。動きがなんだかおかしいと言う。

でも動きはしょうがないのだ。小学生の頃、体育の時間にまず準備体操をする。ラジオ体操第一

とか第二とかそういう感じの体操だ。先生の動きを見て、先生と同じように動く。先生が手を上げれば上げるし、屈伸をすれば屈伸をするのだ。

ところがなぜか石川君だけ動きが違うと言われる。どうも何か決定的に石川君だけが違う動きをしているというのだ。

前に呼ばれる。先生がちょっとここでひとりでやってみろと言う。

やる。

どっ！

笑いの渦。

例えばそれは文章で表せばちゃんと手も上げてるし屈伸もしているのだけれど、全然他の人とは似て非なるものだという。はっきり言えば、物凄い不器用で、もしかしたらこれはふざけてるのかしらん、人を笑わそうとわざと変な動きをしているんじゃないのかしらん、と誤解されるほどだったのだ。

そこで石川少年は考えた。涙をふいて考えた。この不器用は直らない。医者に行こうが直らない。

勉強しても直らない。ネジをしめても直らない。直らないったら直らない。だけども落ち着いて周りをみれば、どうやらみんな笑っている。どうやらみんな楽しんでるぞ。不器用ブザマは笑顔の元よ、俺の悲劇は他人の喜劇、こりゃいいわー。こりゃいいわー。……こりゃいいか？　……まぁいいわー。本当にいいか？　面倒臭いからいいわでいいわー。

そして俺は考えを改めた。

「楽しまれる不器用」を目指そうと。

不器用のエキスパートを目指そうと。

俺は人が笑っているのが好きだった。

だから人前で何かやる時は、自分の不器用を少し誇張して出すように心がけた。そのうち自分でも自分の動きがどこまで意図的なのか、よくわからなくなった。

ああよかったと思った。

何年もそうしているうちに「意図すること」の方が自然になったのだ。だから逆に言えば俺の「自然」とは、必然的に意図のある状態ということになる。

そして不器用に反抗しなくてよかったとも思った。それは多大な努力の割に、報われるものは少ないように思える。全ては流れのままに。

不器用人間は、違う霊長類の生き物である。

ということで、そんな俺がひょんなことから「たま」というバンドをやることになり、それが「おひおひ、そろそろ解散にするよ」と叩き起こされるまでのなんちゅーかあれやこれやを少ない頭のメモリ容量（フロッピーディスク一枚分程度）の中からずるずると引きずり出して、書いてみたのだ。

読んでチョンマゲ～。

第一章

三岳荘十一号室

物語はトートツに十九の春から始まるのだ。

もちろん俺は母親の胎内に「こりゃ楽チンだわい」と少々長居してしまい、生まれてきたらすでに十九歳の青年になっていて、

「母上様、初めまして。浩司《こうじ》と申しま～す！」

というわけではもちろんない。

十九年の間にだって、そりゃーいろいろあった。

初めてのハッキリとした記憶が、靴で踏んづけてしまった犬の糞をへら状の木で幼稚園の庭の隅っこでみんなにばれないようにひとりゴシュゴシュとこそげ落としている寂しい光景だったり、小学校の時は転校が多かったのでいじめられっこで、背中に画鋲をたくさん入れられ、みんなにその背中をバシバシ叩かれて背中穴あき人間になったり、中学時代は「日本一の観光パンフレット少年」としておこづかいをすべて葉書に替えて、日本全国の市町村役場観光課に「観光パンフレット送ってください」と書いて家じゅうを観光パンフレットで埋めつくしてみたり、高校時代は荘司《しょうじ》としおの「サイクル野郎」という漫画に感化されて群馬から徳島までひとりでサイクリングに行き交通事故にあい股間を強打、静脈破裂して見た目キャンタマ袋が三つになったかのようなすこぶる贅沢な経験したりと、人並みのことはあった。

しかしこの本のタイトルは『「たま」という船に乗っていた』である。

当然バンドの「たま」についての話を読みたくてこれを買った読者が、同じ「たま」とはいえ延々俺のキャンタマ袋三つの顛末を何百ページにわたって図解入りで仔細《しさい》に語られても、苦渋の色は隠せないであろう。

ということで、あえてその辺のことはおいておいて、「たま」に至る過程の雰囲気が見え始める時代から書いていこーと思っているのだ。

一九八一年十九歳の春、俺は高円寺北四丁目の「三岳荘」というアパートに実家を出て単身上京してきた。世間では「なめ猫」や薬師丸《やくしまる》ひろ子《こ》がブームだった頃である。

四畳半ひと間、トイレ共同、もちろんバスなし。家賃二万円。

木造モルタルで築数十年。外の錆《さ》びきった鉄の階段をギシギシ上がった十一号室。

今から二十年ほど前だから確かに現在とはちょいとは物価が違う（物にもよるが缶ジュースは百円だったからそんなに凄く違うわけではない。牛丼とかは今より高かったかも）が、貧乏な若者の多い高円寺でも、家賃二万円は最下層に近いアパートだった。

いくらなんでも女子大生とかＯＬとかが♪キャッピ、ルルルンルーン、とお目々キラキラお星様で入居するよーなアパートではトーゼンない。

典型的な松本零士《まつもとれいじ》描くところの「男おいどん」に出てくるよーな、年季の入ったボロアパートだ。

しかも共同トイレには鍵がかからず、開けたらいきなり女性が入っていて、

「あっ、すいません」

ってなこともあった。

「おっ、それはそれでいい青春送っていたじゃないかっ！　ムホホ――イッ‼　コノコノコノ！」

って、コラコラ、物語が始まって早々に人の頭をペシペシこづくのはやめんかいっ‼

人の話は最後まで聞け。いや、読め。

女子大生とかＯＬとかが入居するようなアパートではないと言ったろう‼

そのケツは、管理人の愛人だかなんだかわからないが、一緒に暮らしている女性のケツだったのだ。

おいおいおい、おーい！

「愛人」という言葉にまーだチンピクしている輩《やから》がいるかーっ！

確かに管理人よりは若い。二十歳は若いかもしれん。

しかぁーしっ！

管理人は爺さんで、爺さんなだけに七十は明らかに超えていた。

つまり、二十若いちゅーても、五十をとうに超えた生活にべったら漬けのように疲れたオバハンのでっかいケツだったのだ。

もちろん和式便所なのでケツはドドーン、ザッ……バーン！　とモロ見えだった。

ちゅーか、へたすりゃケツだけじゃなく、もっと凄いものがモリモリと誕生していくサマさえ見てしまうところだったのだ。

まさに「ウッホ～」どころか、黒ヒゲ危機一髪だったのだ。

さて、俺が引っ越してきた名目は一応受験のための浪人生活。

だけどこの時、つまり受験前からすでに俺は決めていたのだ。

「一応どっかの大学に潜り込んで、数年したら中退しよーっと！」

なーんせ俺はグータラが服を着て、ペシペシ歩いているよーなニンゲンだったのだ。

高校も出席日数が足りなくて、危うく留年するところだったのだ。

というと、

「結構ワルで、学校さぼって街とか仲間とふらついてたんでしょうー」

とか思うかもしれないが、はい残念、はずれで〜す。

雨の日と風の日は外に出るのがカッタルイので、家でゴロゴロ寝てましたー。

もちろん親にも最初は怒られたけど、テコでも動かない俺の超強力グータラ・布団絶対死んでも離さないもんねーウガガガガッ攻撃に、遂に親はうちまかされたのだった。

初めての親への勝利がグータラ……。

「とにかく人生、楽が一番、麻雀二番、三・四がなくて五がオナニー」

という感じの十九歳だった。

だから、受験と言って親をだまくらかして、仕送りちょいと貰って、少しでも社会人になるのを引き延ばそうーっと。だって働くのやだもんなー。それが一番楽だもんなー、アハハハーッ、ということしかほとんど考えてなかったのだ。

ま、言わばサイテーの人間ですな。

しっかーし、よーく考えてみてくれ。

グータラが悪い、というなら例えば南の島に生まれて、たいした仕事をしないでも自然に木から落っこちてくる果物やら食べながらニコニコ生きている人達は全員悪人だというのか？

そうじゃなかんべや？

えっ？　日本は南の島じゃない⁉

なーん、そんなの想像力、想像力。

現実なんて一瞬のユメマボロシだって。

思い込みさえすれば、どこだって南の島だっぺ‼

でももしもそこで俺が勤勉努力切磋琢磨根性根性ド根性だったら、こんな人間になっていなくてこんな人生もなくてこんな本も出なくて、まーきっと本来の社会性の欠如から出世もたいして望めない、しょーもないサラリーマンとかになって、居酒屋でエイヒレ齧りながらチューハイ飲んでベロベロになって上司への愚痴でも雄叫《おたけ》んでいるのがせーぜーだろうから、ま、人間万事塞翁《さいおう》が馬パカランパカランということなのだ。

さてそんなサイテーな俺でもちょっとはやってみよーかな、ということがあった。「野望」なんてーものでは到底ないんだけど、何かしらの表現活動をしてみたかった。

しかしそれが何であるかも、まだ自分でよくわかっていなかった。

というか、今でもよくわかっていないので自分のキョーミのわいたものにはあと先考えずに何でも無節操に手を出してしまうのが、どーやら俺という人間らしいことに最近気づいたのだが。

あっ、でも無節操といっても女性にはあんまり手は出しませんよ。あとがメンドな裁判だから。

ま、それ以前に出した手はねじふせられて体がデカイのに体力のない俺は、地べたにいつのまにかもんどりうって叩きつけられて、気づいた時にはひとりで夜空の星をツツーっと泣きながら見ることにしかならないのだけんども。

……って、そんな話をしてたんじゃなかった。表現活動の話ね。

一番初めの表現活動といえば、中学の時に詩を書いて、当時住んでいた群馬県は前橋市の広報紙で「市民の歌募集」というのに応募してみたらなぜか選ばれてしまい、あれよあれよと一大オーケストラがついて俺の書いた詩が大ホールで格調高く声楽家さん達によって歌われ、歌唱指導までされたのが、最初に俺が世間に認められたものだった。

ま、もっとも詩の内容は、

♪駅前で拾った新聞読んでるおじさん
　そんなおじさんにも夢はあるのさ〜

ってなものだったから声楽家の人は内心、歌いあげるには忸怩《じくじ》たる思いだったかもしれないが。

前橋市民の皆さん、今でもまだ俺の歌は歌ってくれてますか？

その頃から「ビックリハウス」という雑誌やミニコミや深夜放送のラジオの投稿もガシガシ始めていた。馬面だったので「馬浩司」のペンネームでくだらないエッセイなどを書いていたのだ。

その中でも当時一番熱中していたのが「THE・しんぶん」というロックのミニコミへの投稿だった。あの頃の編集長だった尼崎の岩崎七十巳さん、馬浩司です。馬浩司は二十数年経ってこんなふうになってしまいました。もう馬じゃなくて熊ですが、これ見たらメールくださいな～。

しかし俺の表現活動は投稿ばかりではなかった。高校に入ると何の因果か演劇部に入ってしまい、脚本を書いていただけでなく、はっと気づいたら悪役として舞台の上に立っており、

「へへへ、それはようがすな！」

などとセリフを喋ったりもしていたのだった。

シャイなはずなのに気づかぬうちに、机の前から立ち上がっていたのだ。

というか自分のシャイを隠すために開き直った、と言ってもよかろう。

俺がそもそもどれだけシャイだったのかの証拠となる話がいくつかある。

小学一年の時、遠足か何かでバスに乗り、そこでマイクが回ってきてひとりずつ歌を歌ったりしたのだが、俺はマイクを渡されても人前で歌を歌うなんて～恥ずかしいことは死んでも出来なかっ

たのでじっと黙っていたところ、担任の先生に急遽《きゅうきょ》親が学校に呼ばれたのだ。

「この子は内向的すぎるし、人前で歌さえ歌えない。このままでは将来が心配だ。何か音感教育とかでもさせた方が良いのではないか」

　小学五年の時はやはり当時の担任の先生に、

「大人になったら、みんなどうなっているかわからないぞ。例えば、石川がセールスマンになってるかもしれないしな、わっはっは！」

と言われたこともある。つまりこれは「絶対ないことの例え」として使われたのである。それだけ人前、特に先生の前なんぞでは、小声で喋ることすらできなかったのである。

　それがセールスマンどころの騒ぎじゃなくこんなふうに変わってしまったひとつのきっかけは、高校時代の文化祭の時だったのだ。

「各部対抗歌合戦」みたいなものがあり、俺達演劇部は俺がボーカルをとって「月の沙漠」を歌った。一番は学生服をぴっちり着込み、内山《うちやま》田《だ》洋《ひろし》とクール・ファイブのようにバックに重厚な合唱もつけた。

　それが二番になると突如その学生服をそそくさと脱ぎ、「月の沙漠」にラクダが出てくることからラクダの上下というザ・オヤジコスチュームになり、曲調も一転ロックっぽくなって、滅茶苦茶にシャウトするというパンクなステージを演《や》ったところ、それが大受けしたのだった。

　これが俺に「人前に出て人を驚かす快感」を目覚めさせることになったのだ。

　つまり音楽という表現活動の第一歩が「歌う」ことだったのだ。

「おっ、物を書くのや芝居もいいけど、歌を歌う、ちゅうのもこりゃまたえーもんだな！」

と気づいてしまったのだ。

　そこでどうせなら詩も書いてることだし、何かオリジナルなものをやろうと思い、初めて自分の詩に曲をつけるという作業をしてみた。高校を出る直前頃のことだった。

　シンガーソングライターを目指していたような友達はだいたい中学ぐらいからそんな活動を始めていたので、思えばずいぶん遅い活動開始だったのだ。

　それまで一応家にギターはあったものの、不器用故に押さえられるコードがほとんどなく、

「これじゃ曲は作れねえんべえ～（群馬弁）」

と、はなから思っていたのだ。

　ところがある日、地元に三上寛《みかみかん》が来るというので、アングラなフォークとかをラジオの深夜放送で聴いて興味もあったので観に行ったところ、これが震えのくるほどの凄いライブで感動した。し

かも三上寛はほとんどコード三つぐらいで曲を作っていた。

「あ、なんだ、三つでもいいのかっ！」

と青天の霹靂《へきれき》。

そして俺も自分の詩に曲をつけ、遂に人前で歌い始めたのだ。

意外に舞台度胸が自分にあることも、やってみて初めて気がついた。

なんせ決してさわやかな声ではなく、絶叫型の三上寛に影響を受けていたので、変な声で変な歌を歌うしかなかった。開き直るしかなかったのだ。

ここまで読んでもらってわかるとおり、俺の「表現活動」の中では詩、エッセイ、演劇が先で、音楽は一番最後のビリッケツだったのだ。なので、まさかそれが本業になっていくとはその時は思いもよらなかった。

つまり上京した頃は、バリバリ歌作りの面白さに目覚め始めた頃でもあったので、まずはすぐに受験のことはポイッと部屋の隅の箪笥《たんす》の裏あたりにひとまず隠しておいて、情報誌とかを見て、ライブハウスとかのオーディションを受けてみよーと思ったのだ。

花のトーキョーじゃ音楽をやる人も星の数ほどいるだろうし、レベルも高いだろうことは容易に

想像はできたのだが、そこは若さの無鉄砲で、

「数撃ちゃ当たるかもしれん！　行ったれ、行ったれっ‼」

と自らを鼓舞して鉄砲をギターに持ち替え、どんな店にも飛び込んでいった。

しかし俺はまえがきにもちょっと書いたとおり、生来のこれまた「超」の付く不器用。

どれくらい不器用かというと、中学の図工の時間に「自分の顔を石膏に彫刻刀で彫って作りましょう」という課題があったのだが、わずか数十分の間に彫刻刀で石膏ではなく己の左手に四ヵ所ぐらい鼻や口を彫ってしまい、血だらけのホラーになり、保健室に連れていかれながら先生に、

「いっ、石川君はもういいから。こっ、これ以上やらなくても」

と言わしめさせたほどの不器用の猛者だったのだ。わっはっは。

つまり一応ギターの弾き語りなんだが、とにかくFとかの「指全押さえ」が全くできなかったのだ。

ちゅーか、あれ人間の指の構造からしておかしくないか？　ちょっと無理がないか？

あんなコードを長年押さえ続けていたら、絶対年をとってから、まわりまわって唇とか原因不明に腫れ上がったりすると思うぞ。その辺、医学者はどう考えているんじゃいっ⁉

とまぁそんなことはともかくとして、俺は四つのコードでゴーインに何曲かの歌をこしらえ、ライブハウスのオーディションを受け始めた。

上馬の「ガソリンアレイ」は落ちた。江古田の「マーキー」は受かった。嬉しかった。しかし受かれば受かったでチケットを売ることが義務づけられていた。なんせ、まだトーキョーに出てきて間もなかったので、ほとんど友達などもいない。まして、名もないドシロートのチケットが売れるはずもない。

ということで、そういうノルマとかがなくて自分の歌を聞かせられるライブハウスを探したところ、北千住の「甚六屋」と両国の「フォークロアセンター」というふたつのライブハウスが月に何度か、新人が二、三曲ずつ自由に歌えるということがわかり、いつのまにかその二軒の常連になっていたのだ。

北千住の「甚六屋」は、客の椅子がビールケースだった。両国の「フォークロアセンター」は名前のイメージから大きい店だと思ったら、マスターが自分の部屋を改造しただけのまるで友達の部屋にまぎれ込んだようなスペースだった。どちらもマイクなんて一本ぐらいしかなかった。

青山・六本木はおろか新宿でも渋谷でもない、北千住と両国という東京の外れで、しかし外れだからこそのハミダシ者達といっぱい出会えた。

そこに通うようになってからわずか三ヵ月ぐらいの間に、知久寿焼《ちくとしあき》（当時は本名の知久寿明）、とうじ魔《ま》とうじ（ユーモアのあるパフォーマンスを駆使した特殊音楽家として国内外で活躍。著書もあり）、大谷氏《おおたにし》（当時は大谷ひろゆき。故郷富山を中心に現在までにCDを俺との共作を含め十枚近く発表）、山下由《やましたゆう》（後述、俺とユニット「ころばぬさきのつえ」を結成、詩人としても高い評価を得ている。貝の研究者としても天皇より賞を授与されたこともあり）、あかね（「たま」初代マネージャー。ソロや「パスカルズ」等でも活躍。台湾のCD評には「日本優秀女藝人」と書かれる）、菱沼健《ひしぬまけん》（音響家として「たま」の初期のレコーディング等を担当）、青木孝夫《あおきたかお》（まだ誰もほとんどやっていなかった二十年以上前から池袋駅前で演奏を続けている、いわばストリートシンガーの元祖的存在で、当時毎週日曜には俺や知久君なども彼の元に歌いに行っていた）等の今も付き合いが続く連中と出会ってしまったのだ。

当時はちょうど「ニューミュージック」という音楽が全盛になってきた頃で、ちょっとセンチメンタルでおしゃれな歌か、吉田拓郎《よしだたくろう》、長渕剛《ながぶちつよし》系の熱血フォークが主流で、そのどちらにも属さない歌を歌う者は相対的に少なかったので、自然に風によってゴミが道のはずれの一ヵ所にかたまるように俺達は集まってしまったのだ。

知久君は当時十六歳。ばりばりの高校生で、もちろんそんなメンバーの中でも最年少だったが、いつも「ピグモン服」とみんなから言われていたダブダブの汚いくすんだ黄土色の服を着て、肩まで伸びる長髪で、とても高校生とは思えない老成した感じを醸し出していた。

ちなみに俺も人の事は言えない。やはり肩までの長髪に汚いGパンとなぜか足は一年じゅう靴下にサンダル履き。体型も今からは想像もできないほどヒョロヒョロに痩せていた。

そしていつしか俺の住む三岳荘は、そんな連中の溜まり場と化していったのだった。

「石川のとこ行きゃ、必ず誰かしらいるぞ」

しかもライブハウスでアングラな歌を歌っている奴なんてーのは、たいていは怠け者が多かった。だから俺のところに来ると「同志」が沢山いるのでどーやら安心するらしいのだ。

俺もいろんな人が出入りするのでいちいちドアを開けにいくのもかったるく、鍵も常にかけていなかった。どーせ泥棒に入られても盗まれるようなものもなーんもなかったし。鍵が開いてるから人もさらに気軽にどんどんやってくる来る、山ほど来るという悪循環に自分ではまーったく気づいていなかった。

時にはバイトから帰ってくると全く知らない兄ちゃんが寝ていて、

「あのー、ど、どなたですか……？」

と聞くと、寝ぼけまなこで、

「ふぁ!?　あぁ、○○君の友達なんだけど、ここテキトーに誰でも泊まっていいからって言われたんで……」

なんてーことすらあった。

そのうち、ミュージシャンの卵以外にも、写真家の卵、絵描きの卵、役者の卵など、卵だらけでコケコケ音がして、

「ここは養鶏所かーっ!!」

という感じだったのだ。

そのうち友達も、「石川の部屋があるから便利だ」と次々と高円寺に引っ越してきだした。

ってな感じで最盛期は十数人、今で言えばフリーターみたいな奴らが近所に集まっていたのだ。

そしてそのほとんどが「俺も高円寺に住みたい」という話を聞いて、俺が同じ不動産屋を紹介してやったので、遂には盆暮れに、

「石川君にはいつもいろんな人を紹介してもらって、世話になっているから」

なんて不動産屋から日本酒一本貰うくらい、ある種の「高円寺のドン」となっていったのだ。

溜まり場になると、いつのまにか俺が買っておいた食い物とかが食われてしまうことも多かった。

そこで俺は一計を案じ一番安いインスタントラーメンを三十袋千円で箱買いし、部屋の中に「売店」を作り、客（?）に五十円で売っていた。ひとつ三十三円だから、一個売るたびに十七円の儲け也《なり》！　ほっほっほ。

もちろん俺が作ってやるわけではなく、各自汚い流しの丼をゴシゴシ洗って鍋で煮て自分で作るのである。

ただしそのうち客の要望からトッピング物にも凝《こ》るようになり、卵、メンマ、もやしなどを別売りしていたが、それをよく誤魔化されていたので、つまりは損をしていたのだ。

チクショーッ、食い物の恨みは忘れんでぇーっ‼

結局俺が結婚するまで、この三岳荘には八年間住み、溜まり場と化していたが、俺の部屋は彼らから通称「魔法の部屋」と呼ばれていたのだ。

なぜ魔法かというと、ここの家主である俺が金がなくなった時だけ日払いのバイトに行って最低限のお金だけ稼いだら、あとは部屋で寝そべったりしているだけという、

「一所懸命働いて立派な暮らしをするよりも、わたしゃ無料のゴロ寝好き〜、はぁ〜ビバノンノン」

とあまりにもグータラに日々を送っていたので、ここに遊びに来ると皆、そんなふうにしてもなんとか人生やっていけるんじゃん、と感じるというか飲まれるというか、

「ま、いいか……」

という気持ちになってしまい、学校やバイトや就職試験をさぼって、ハッと気づくと二、三日経っているなんてざらだったので、

「あの部屋にいると魔法にかかっちまう！」

ということから自然についた名前だった。

俺も和光大学というところになんとか潜り込んだものの、ライブハウスで知り合った奇妙な友達と遊んでいる方がはるかに面白かったので、まともに行っていたのは最初の一年間の演劇のゼミくらいのものだった。

狭い部屋の真ん中では常に麻雀が行われ、雀荘がわりであり、古本屋から買った漫画だけは大量にあったので、麻雀をしないものは勝手に漫画を読みながら酒を飲んだり、だべったりする漫画喫茶や飲み屋がわりであり、こっそり隅っこでオナニーしてたり、押し入れで寝たりしている奴もい

るという旅館がわりだったのだ。それが典型的な光景だった。

最高記録では四畳半だが、コレクションを始めたジュースの空き缶や漫画などが多かったので実質二畳ぐらいのスペースに確か十六、十七人プラス猫六匹なんてトンデモナイ世界一の人口密度を誇ったこともあった。

もちろん全員が入りきるわけもないので、頭だけ部屋に突っ込んであとの体の大部分は廊下に投げ出している奴や、姿が見えないので帰ったのかと思ったら押し入れの奥で猫のように丸まってグースカ眠ってる奴もいた。

それでもついつい誰もが集まってしまうような、渾沌《こんとん》としたスペースだったのだ。


そんな中、突然ほとんど面識もないのにいきなり俺の部屋にやってきたのが、柳原《やなぎはら》陽一郎《よういちろう》という男だった。

ドアをコンコンと叩く音がするので開けると、ちょっとだけ見たことのあるような顔。いいとこの坊ちゃん風大学生という感じで、誰だったか思い出そーとしていると、

「この間、『グッドマン』でライブを観た……」

「あぁ。えーと、柳……」

「柳原です。僕の実家も高円寺なので、地図見て調べて、麻雀しに来ました」

そう。俺と知久君とかが企画ライブをした時、知久君が「両国フォークロアセンター」で知り合ったやはりシンガーだった彼をさそって連れてきたのだ。

その時どーやら俺が、

♪デートするなら二重橋
おみやげもちろんカステーラ
パンツ汚れりゃ洗えよな
お前の体はイカ臭いー

などと歌ったのが気に入ったらしく、その場で「面白い歌ですねー」とかひと言ふた言、言葉を交わしたのだ。そしてたぶん、お互いに麻雀をやるという話になり、

「俺のアパート、いつでも麻雀やってるから、来なよ」

ってーなことをテキトーにお愛想で言ったのだと思う。

なんせその時まだ俺の方は柳《やな》ちゃん（柳原）の歌を聞いたこともなかったので、それ以上話を続

けようもなかったのだ。

と、彼は即座に自転車をシャコシャコこいでやってきた、というわけなのだ。

その日はたまたま他に誰もおらず、自己紹介もろくにせずに、ふたりで黙って2マン（ふたり麻雀）をした記憶がある。

つまり最初はただの麻雀友達として遊びに来たので、まさかその後一緒にバンドを組み、ましてや紅白に出てしまうなぞとは、お互いアリンコの足ほどにも思ってもいなかったのだ。

そんな状態で毎日人が大勢入り乱れていたのだから、トーゼンいろんなハプニング満漢全席の日々であった。しかし、そのハプニングをいちいち羅列していたら、おそらく「たま」が結成する前にこの本の枚数が尽きるので、ひとつだけ代表的なエピソードでこの章は締めくくろう。

こんな感じの暮らしだったので、麻雀したり飲んだくれているうちに何日も逗留《とうりゅう》してしまった、なんてえ奴は日常茶飯事で、何らかの事情で（たいていは金がなくて）一ヵ月以上の居《い》候《そうろう》同居生活をした者も、男ばかりなのが悲しいところだが、知久君はじめ時期を変え何人もいたのだった。

そんな中で、俺よりひとつ年上のNという、やっぱり歌を歌いながらゴロゴロしている友達が居候していた時期があった。

　このN、同じ高円寺に住んでいるのに、なぜか全然帰らないのだ。

　正直、（ぼちぼち帰ってくれないかなー　オナニーしてーよー）と思った日もあったが、昼間は仕事をしてるんだか何をしてるんだかわからないがいなくなることはあるが、なぜか家から毛布まで持ち込んできて、夜は必ず泊まっていったのだ。

（ははあん、家賃滞納しているかなんかで、帰れないんだな）

と思っていたが、一応ひとつでも年上なので先輩扱いで、深い追及はしないでいた。

　Nはたまに、

「ちょっと家でテープに録音したいので、レコード貸してくれるかな」

　と言うので、

「あ、別にいいよ」

　ってな感じで貸してたりもした。当時まだアナログ盤だったが、中学生ぐらいの時からコツコツためていたプログレやらアングラフォークやら知久君から貰ったなぜかピンク・レディーやらのレコードが数百枚はあったのだ。

　ところが数日後、なんとその数百枚のレコードが棚から一枚もなくなっていた。

いくら録音する、といってもそんなに大量にするはずがない。

とともに、Nの姿も忽然と消えた。

と、友達が大挙して俺の部屋に走りこんできた。

「Nはいねえかっ‼」

なんと、Nは昼間は仕事に行っていたのではなく、高円寺じゅうの友達のところを渡り歩いて、

そしていろんなものを、

「ちょっと貸してくれ」

と言ったまま、どうやら質屋に全部売っ払って、トンズラしてしまったらしいのだ。

俺の数百枚のレコードもヒデー話だったが、高級品の音響機器やらギターやらをやられた奴もいて、

「どーりで近くの質屋で見たことのあるギターが置いてあると思ったら、あれ俺のじゃんかっ‼」

とか叫んでいる奴もいた。

そして何の音沙汰もなくなって約一ヵ月。

友人が、高円寺の駅前のおでん屋で一杯やっているNを遂に発見した。

もちろんその友人も被害にあっていたが、ひとりじゃ逃げられるかもしれない。すぐに高円寺にいる他の被害者達にも電話で連絡。数人が集まって、おもむろにNに声をかけた。

「おい、N！」

と言うと、彼は一瞬動揺したもののすぐにすっとぼけて、

「はっ⁉　どなたですか⁉　僕は佐藤《さとう》というものですけど……」

と返してきやがった。

「佐藤だぁ⁉」

しかしそれなりに特徴もはっきりした男だ。間違えるはずもない。

「何言ってんだ、N！　みんなから借りた物返せよ！」

ところが彼はあろうことか、

「なんですか⁉　僕を脅すんですか？　なんなら警察行きますか？」

ときた。自信満々である。

「おぉよ、のぞむところよ。そこに交番あるから行こーぜ‼」

そして周りを友達で囲んで逃げないよーにして交番へ。

しかし交番に着いた途端、彼は率先して中に入るや、

「すいません。なんか知らない人に脅されてるんですけど……」

まず警官がジロッとNと友人達を見た。

ここで友人は自分達に分が悪いことに初めて気がついた。

なぜならNはそれでもまともな服を着て、見ようによってはまっとうな社会人に見えた。

対する友人の筆頭は坊主頭に雪駄履き。

ここでもし、

「はーい、突撃街頭テレビでーす！　さぁ、百人に聞いてみましょう。このふたりのうち、犯罪を犯しそうなのは、さてどっちでしょーっ？」

と聞かれたら、ひねくれた人か、ひっかけ問題だと勘ぐる人以外全員が友人の方をまっすぐに指さすであろう。

しかもNは後日判明したところ、結構常習犯だったらしく、警官の前でも堂々と「被害者の小市民」を装っていたらしい。小市民ぶりは板についていた。

対して友人は怒りもあり、ヤクザ映画とかも好きだったので、口調もつい荒くなる。

そして警官は「おでん屋でいきなりいいがかりをつけられたNさん」という認識のもとで、実際の被害者である友人の方の完全な尋問になった。

「おたく、職業は……？」

普段はバイト暮らしだった友人だが、その時はたまたま何もしていなかったのだ。

「いっ、いや仕事は別に……」

警官の目がギロリと光る。

形勢が逆転したと判断したペテン師Ｎは余裕の表情。警官も、

「いつも、こうやって人を脅しているのか。どこかの組織に入ってるのか！」

友人は突然の成りゆきにおどおどしてしまい、

「いや、あの僕らと彼は元々友人でして、それで彼Ｎっていうんですけど、彼がいろんな友人から、あ、あの、物を借りたままいなくなりまして……」

としどろもどろに答える。が、

「僕はＮなんて名前じゃありません。佐藤です‼　この人はいつもこういう手口を使ってるんじゃないですか⁉」

と逆にたたみかけた。

もちろんまず、友人の方から詳しい住所・氏名その他を調べられた。

そしてＮも「被害者」ということで一応、住所・氏名等を聞かれた。すらすらと慣れた口調で答

える彼。

「えー、名前は佐藤ナントカ。住所は文京区ナンタラカンタラ」

と、よどみなく答える。

しかしそこはさすが日本の優秀な警官である。何か感じる物があったのだろうか、Nに、

「うん？　もう一度住所言ってもらえるかな」

Nは一瞬「えっ⁉」という顔をしたが、

「えーと、文京区ナンタラカンタラですが……」

と警官は住所地図みたいなものを奥から持ってきた。そして言った。

「おや、そんな住所はないねえ……佐藤さん、って言ったよね。ちょっと電話番号も教えてもらえるかな……」

「うっ」と言葉につまる彼。しばらくの沈黙のあと、遂に観念した。

「すいません、僕は佐藤ではなくNです……」

遂に形勢逆転。お天道様はちゃんと見ていてくれたのだ。

結局友人同士のトラブルは民事事件だということで、警察は介入せず。

「自分達で解決しなさい」

俺のレコードも当然質屋に入れられていたのだが、なんとか半分ぐらいは取り返した。だが、友人のギターなどは流れてしまった。しばらくして、Nとまた連絡がとれなくなったのは言うまでもない。

しかし彼はちょっと特別だったが、他にもいろんな人がいた。皆、俺の部屋になじむくらいだから、グータラが基本にありつつも、今ではそれぞれの世界でそこそこに有名になった者、世間的には無名だが絶対的なファンを持つ者、また志半ばで残念ながら故郷に帰った者など様々だが、少なくとも毎日刺激に満ちあふれた、俺達なりの充実した馬鹿馬鹿しくも楽しい日々を送っていたのだ。

よく、デビュー前というと「苦労時代」なんてカテゴリーに入れられるだろうが、そんな意識は少なくとも俺自身には全くなかった（他の人のことはわからないが）。

なぜなら「メジャーデビューしてビッグになるぞおっ！」「成城に一軒家を建てるぞおっ！」「王様になって毎日かっぱ巻きの入らない寿司を食うぞおっ！」等の「目的」があれば、それまでに至る過程は苦労になるのだろーが、そもそも、

「歌とか歌いながらできれば最低限のバイトで、楽しく人生暮らせればい〜や〜」

と思っていただけなので、それは苦労でもなんでもなかったのだ。

俺は結果より、人生は是《これ》すべてプロセスだと思ってる。もちろん「結果」もプロセスの中で重要な位置を占めることはあるかもしれないが、どちらかというとプロセスの中の節目であると思っているのだ。

「めでたし、めでたし」で終わるのはあくまで物語で、ジンセーには物語が始まる前も、また「めでたし」以降もあるのだから。

第二章
「かき揚げ丼」から始まった

さて、そんなふうに三岳荘でウダウダしていた俺だが、いろんなライブハウスに出かけていき、人のライブもたくさん観た。

そんな中で一番衝撃的で、俺のその後の音楽パフォーマンスにも大きく影響を与えたのが、「突然段ボール」というバンドであった。

いくつかバンドの出るロックイベントで、「おっ、次の『突然段ボール』というのバンド名が面白いな」と思ったが、当のバンドがなかなか出てこない。ステージ上の機材の調子でも悪いのか、汚れた作業着を着た兄ちゃんが、機材の裏を点検している。と、突如そのスタッフとしか思えない兄ちゃんがギターを弾き始めた。

「えっ!?　これってもしかしてステージ始まってるってこと？」

と思う間もなく、今度はステージの上手《かみて》から、自転車に乗ってやはり作業着を着たでかいおっさんがやってきた。しかも演技とかそんな感じじゃなく、淡々と普通の道を走るかのようにガタガタやってきて、ステージの真ん中で止めるや、そのままドラムのところにつかつかと歩み、いきなりドラムを叩き、歌いだしたのであった。

♪あいつは全部白くしちゃう

あいつは全部白くしちゃう
ホワイトマンのしわざだよ
ホワイトマンのしわざだよ
だけど黒い長靴を履いているのが不思議だね
だけど黒い長靴を履いているのが不思議なんだよね
（「ホワイトマン」）

ステージングにも驚かされたが、そのシュールでユーモラスな歌詞、そしてポップながら不協和音や独特の「ズレ」をとり入れた音楽にも驚かされた。

その頃はいわゆる「東京ロッカーズ」という時代の後期の頃で、いろんなバンドが跳梁跋扈《ちょうりょうばっこ》していたが、やはりそこはロックということで、いわゆる「格好いい」バンドが多かった。その中において、彼らの斬新なアプローチは目から鱗《うろこ》がポロポロと落ちていったのだ。床じゅうが、鱗だらけになって歩くとグサグサ刺さってイタイイタイだったのだ。

俺は「これだ！」と思い、しばらく「突然段ボール」のステージはおっかけ状態で観ていた。

他にも「すきすきスウィッチ」「コクシネル」「ほぶらきん」「ノン・バンド」「サボテン」「ザ・

スターリン」「チャクラ」など好きなバンドはたくさんいたが、やはり「突然段ボール」が俺の中では群を抜いた存在だった。

後年「たま」と共演したのをきっかけに「石川浩司＋突然段ボール」のユニット名義で二枚もアルバムを残せるようになるとは、まさかこの時は夢にも思っていなかった。

そして俺ももちろん音楽活動を始めていた。俺の歌は叫び系が多かったから、もちろんアパートでは思いっきり歌うことができなかったので、真夜中に近くの環七の歩道橋の上に行っては、ギターを抱えて、

「ギョエ――――‼」

「ウリョ――――‼」

「アウウ――――‼」

と歌っていたのだ。

後ろを、足早に逃げるように通り過ぎる人達のカツコツという靴音がよく聞こえていた。

でも俺は「突然段ボール」にはまって以来、「パフォーマンス性のある音楽」をやってみたかっ

たのだ。ライブはCDとは違い演奏している姿も見せるわけだから、その表情や動きでずいぶんと歌の印象が変わったり、またハプニング的要素の多いものは俺が客として観ていて好きだった。

で、それまではずっとソロのギター弾き語りでライブをやっていたのだが、やはり歌詞が抜群に面白く、飄々《ひょうひょう》とした味わいのある山下由をさそって、ふたりで「ころばぬさきのつえ」というバンドを始めることにした。

しかしこの「ころばぬさきのつえ」はバンドといっても固定メンバーは俺と山下のふたりだけ。あとは毎回ライブのたびに、その時暇な人がメンバーになるといったユニットであった。知久君や柳ちゃんが参加することもあり、大きく考えれば「たま」の前身といってもよかろう。

最初のうちは、とにかくライブ前に決めるのは曲名だけ。「ひよこサンバ」とか「昼寝のさまたげ」とか。曲名だけだから、曲はおろか、歌詞もその時点では考えていない。

そして、「次の曲は『ひよこサンバ』です」と言ってから、はじめて誰かがギターのコードを適当に鳴らし、誰かがその場で歌詞を考えて歌う、という究極の即興バンドであった。

しかしさすがにそれは無謀で冴え渡っている時は面白かったが、乗り切れない時は自分達からまずズンズン虚しくなってくる、ということに気づき数回やった時点で反省、一応おおまかに曲を作ってステージに出るようになった。

ただしパフォーマンスは相変わらずで、シーツのカバーの中にチャックをしめて全員が入って、つまり客席から見たらメンバーの姿は一切見えず、ただの白い物体がモゴモゴと蠢《うごめ》きながら中から「ニホンはしりとりに弱いー」とか歌ったり、俺が顔に白い布を被って、そこにスライドでいろんな「顔」を映しだしていろんな人になったり、ただ客の前で飯を食ったり、客席とステージの間を新聞紙で隠し、そこから小さな穴をあけて顔だけ出して歌ったり、歯磨きしながら踊ったり、街に出てかき集めてきた生ゴミを頭から被って歌ったり、電話の受話器にマイクをとりつけ客席に聞こえるようにして、滅茶苦茶に番号をダイヤルして「こちら『ころばぬさきのつえ』という者ですが、一曲、歌を聴いて下さい」とやって「いや、うちはそういうのはお断りしてるんだけど……」とか言われたり、素っ裸なれどおチンチンには靴下を履かせ最低限の法律は遵守《じゅんしゅ》しながら、白いお尻をフリフリ股間にビール瓶をはさんで「♪恥ずかしい――」と歌ったりと、もう何でもありのステージをやっていた。

　とうじ魔とうじがリーダーを務める「ころばぬさきのつえ」の兄弟バンド「噂をすれば影」というのもあった。

これは、とうじ魔さんが「さわやかフォーク」をわざと歌ってテープを送り、その手の「やさしさコンサート」みたいなものに出演。最初はとうじ魔さんがひとりで「いかにも」のメロディで「いかにも」の歌詞を歌っているのだが、途中から突然歌が崩れ、発狂ソングをがなり始め、それとともに俺と山下さんが全身に空き缶をぶら下げてガランガランと物凄い音を立てながらステージに乱入し、ステージを滅茶苦茶にするという、ある種のどっきりパンクバンドだった。

さて、そんなユニットやソロを始めたのとほぼ同時期、八二年に、やはり俺と山下さんで「地下生活者の夜」というライブシリーズを大久保にある「オフオフ新宿スタジオジャム２」という貸しスタジオで始めた。

これは、せっかくちょっと変わった歌うたい達が集まったので、一発自主イベントっていうのでもやってみっぺか〜、ということから始まったもので、最初は三回ぐらい続けばいいか〜、という軽いノリで始まったのだが……。

つげ義春《よしはる》の「李さん一家」のラストシーンではないが、実はこれ二〇〇四年現在、

「未《いま》だに続いているんです……」

もっとも現在運営をしているのは俺ではなく、やっぱり当時からの歌友達の青木孝夫に代わりは

したのだが。

そしてその「地下生活者の夜　第25話」八四年十一月十一日にそれは始まったのだ。

ライブシリーズも二十五回目ともなると、さすがに若干マンネリ化も避けられない。

最もこの一回前の第24話には、友人のツテで名古屋からその名も「毒まんこ」というバンドが出演したのだが、出演直前に「ステージ上で女性メンバーが脱ぐ」ということで話題になり写真週刊誌に取り上げられたりしたので、いきなりマスコミの人とかが大挙してやってきた、なんていうハプニングもあったのだが。

でこの第25話だが、マンネリ化打破のため、いつもはそれぞれソロでやっている者がちょっと集まって、一回こっきりの「バンドごっこ」みたいなものをやろう、ということになったのだ。

二組出演予定で、ひとつは大谷ひろゆきを中心にしたバンド、そしてもうひとつが、知久・柳原・俺の三人組ということに決めたのだ。

基本的にそれぞれのボーカルをやっている時に他のメンバーがバック、というより他の楽器やコーラスでチャチャを入れるというものであった。

なのでこの時はもちろん、それぞれの担当楽器すら決まっていなかったのだ。

ただ、この少し前の「ころばぬさきのつえ」を始めた頃、俺が高円寺の環七と中央線が交じ合うセブン－イレブンの前のゴミ置き場で、燃えないゴミの日にドラムの一種であるスネアという太鼓を拾った、ということがあった。

ちゅーか、だいたい「燃えないゴミの日」は町を徘徊《はいかい》して、

「何かえーもんないかいな〜」

と思って普段から歩いていたのだが。確か月曜と木曜。

一時期部屋にテレビが五台もあったこともあった。意味なし。

で、その太鼓が意外にきれいで、皮も破れていなかったので、

「あ〜こりゃ何か、ステージで遊びで使えるかもな〜」

そんな軽〜い気持ちで家に持ち帰ったのだ。

その二、三年ほど前「芸能山城組」というちょっと変わった合唱団に友人の誘いでなんとなく半年ほど所属していたことがあり、その時少しだけ太鼓を教えてもらったことはあったが、その後特に興味もなかったので、

「よおおし、これを機にドラマーになったるでええっ‼　日本一のドラマーやっ‼」

なーんて考えももちろんなかったし、まさかあのゴミ拾いが後の俺の人生を大きく左右する、と

いうか決定する拾い物だったとは、その時は露ぞ思っていなかったのも当然だろう。

ということで、その太鼓も持っていたし、ギターも一番ヘタだったので一応俺が太鼓中心になったのだ。

でも一回こっきりのバンドだが、なぜかこの時はスタジオを借りて練習している。

いつも即興で「その場で決めればいいや～」の俺達にしては、もしかしたら何らかの予感があったのかもしれない。


ちなみにこの時の俺達三人組のバンド名は「かき揚げ丼」。

というか、本当は一回こっきりだから、バンド名を付けることすら思いついていなかったのだ。

だが、情報誌に出演者のバンド名を掲載しなければならない関係で、

「とりあえず、何でもいいやー」

ということで、俺が近所の弁当屋でよく食っていた二大メニュー「ハンバーグ弁当」「かき揚げ丼」で出しただけだったのだ。

だから、ライブ当日になって、二組で、

「どっちが『ハンバーグ弁当』になる?」

「どっちでもいいよー」

　ってな感じで、

「じゃあ俺達、『かき揚げ丼』にしとくわー」

と決まったのだ。

　知久君とかも、あとから入ってきて、

「俺達、どっちのバンド名？」

とか聞いていたぐらいだから、いかにこの日一日限りの「お遊び」だったことかがわかるであろう。

　ところがステージをやってみたら、これが面白い。

　自分がソロでやっている曲でも、他のふたりにいじられることで、予想もつかない新しいイメージの別の曲のように変貌したりするのだ。

　終わったあとの客の反応も良かった。

　そしてこの時、実は俺達は一艘の船にいつのまにか乗ってしまったことには、まだ気づいていなかった。

俺達はすぐに、

「これ、ちゃんとバンドにしてもう少しやってみない⁉」

という話になった。誰も異存はなかった。

三岳荘に戻ると、まずはバンド名を決めることになった。

やっぱり「かき揚げ丼」はあまりにもコミックバンドととられてしまう、ということもあったからだ。

しかしバンド名はなかなか決まらなかった。

「松葉崩し」

「うーん、なんかまだイロモノ色が強いな……」

「ゴミ」

「うーん、ちょっと今度はパンクバンドっぽいな……」

俺達はなるべくバンド名ですぐに音楽性までモロ出しにわかるようにはしたくなかった。そもそもソロの集合体だったので、音楽性自体もジャンル分けが不可能であったし。

「うーん」

そうして三人で酒を飲みながら話しているうちに、すっかり朝になってしまった。

「なんでもいいんだけどねぇ……」

「じゃ『たま』とかどう？　名前知らない猫が歩いていても『たま、たーま？　たま！』とかテキトーに呼ぶじゃない。それに俺、略語とかあんまり好きじゃないから『たま』なら二文字だから、略されたり間違えて呼ばれることもないだろーし」

と俺が言うと、

「あー、それでいいや。もー。じゃ『たま』ね！」

こうして「たま」というバンド名はなんかわりと安易な感じで決定した。

ただそのすぐあとに情報誌のライブ欄に「出演『また』」と書かれた時は、

「ここまで短くても人は間違えるものか……」

とさすがに思ったものだが。

ちなみに、最初に「かき揚げ丼」名義でやったライブも、そのままライブテープとして販売したりしたが、その時は「たま」名義を使ったので、実質「かき揚げ丼」が「たま」の初ライブだったのだ。

世間ではあのロス疑惑やグリコ・森永事件が連日新聞を賑わしていた年である。

こうして「たま」という船は岸壁を静かに離れ、出航し始めたのだ。

結成された「たま」は精力的に活動を始めていった。まずはいろいろな場所にデモテープを持っていったり、それぞれがソロでやっていた上馬「ガソリンアレイ」、荻窪「グッドマン」、新宿「アンチノック」などのライブハウスや友人関係のイベントなどによく出演した。その頃知久君の考えたタイトルで「自己救済コンサート」なども公民館とかでやったりしていた。

ある時、中野区の企画で「東京の川を船で下ってみる」というのに呼ばれたことがあった。これは中野区の職員に『チホーコームインの冒険』という本まで出したアイデアマンの友人がいて、二艘の船で普段行くことのあまりできない総武線横などの都内の川をめぐったりする、という企画だったのだ。

途中休憩の時、二艘の船をくっつけて、一応ゲストである俺達が演奏するというアトラクションをやった。

そしてその時の写真が一葉残っているのだが、俺が演奏している真向かいに、隣の船から演奏をじっと見ているのが、なんと今の俺の妻である。

出会いは、船の上から。

こう書くとロマンチックだが、実は都内の川の上である。

少々ドブ臭い出会いであった。

そんなこんなで都内でライブ活動をしていたが、夏にはいきなり無謀にも全国ツアーにも行った。もちろんまだまだ東京でも無名だったので動員は見込めなかったが、各地のライブハウスなどにデモテープを送ったり、当時すでに知久君が知り合いだった友部《ともべ》正人《まさと》さんにお店を紹介してもらってやったのだ。

これは、単純に知らない町の人に演奏を見てもらいたいのと、さらに単純に俺が旅好きだったので「たまには違う土地で演奏してみっぺよ〜」ということでゴーインに半分旅行気分で行ったのだった。八月のひと月を丸々使って、ゆっくりと西へと向かって行った。

まず、もっとも多く行った場所は名古屋だろう。

「ＡＳＧ」という住宅街の真ん中にある画廊で演奏した時は画廊なので防音設備がなく、「学校にまにあわない」という曲で俺がギャーギャー叫んだら、ピーポピーポとおまーりさんがパトカーに乗ってやってきた。注意ですんだからよかったものの、危うく前代未聞の「歌で前科者」になるところだったのだ。

ちなみにこの画廊は一階がアートスペース、二階が飲み屋になっていた。飲み屋といっても、メニューもなければ店員もいない。そこの女主人が夕方ぐらいまでに適当に大皿料理を作っておき、客は勝手にそれを好きに取ったり、冷蔵庫からビールを出して飲んでいたりしていた。しかも驚くべきことは、料金も決まっていなかったのだ。

全部自分の判断で、

「今日は二千円ぐらい飲み食いしたな」

と思ったら、二千円を店の端に置いてある棚の引き出しの中に適当に投げ込むのである。金がない時は、

「本当はもっと飲んだけど千円で勘弁～」

だったり、

「今日は金が入ったので五千円奮発しちゃおう！」

とか勝手にやっていたのだ。もちろん誰がいくら払ったかも誰も見ていない。つまりここは、下の画廊を運営していく資金のため、美術家などがルーズながらも自主的に運営している「信頼」をベースにしたある種理想的な飲み屋だったのだ。

そして、金のない俺達の名古屋での宿泊はたいていこの飲み屋の大きなテーブルの上。

客が全員帰ってからテーブルの上を片付け、毛布だけ借りてその上でグースカ眠りについたのだった。

「Nanya」という飲み屋でやった時は、店が狭く一畳もないスペースに楽器すべてとメンバーを押し込んで演奏したのだ。

つまり、ライブが始まってから終わるまでほとんど三人抱き合うような感じで、体が全く動かせないのだ。満員で、客がスシ詰めというライブはよくあるけれど、メンバーがスシ詰めというのも、なかなか奇妙な状況だぞ。知久君のギターの下に俺が座ってパーカッション叩いていて、興が乗ってスティック振り上げるとなぜか柳ちゃんが「イテッ！」とか歌の途中で言ったりしていたのだ。

海南の「ブラウニーマギー」という店では俺達が演奏していると、それに触発されたのか会場から全裸の男がステージにのぼって踊りだし、さらにはその体の大事な部分も踊り出したりしたので、俺達もどんどん曲をテンポアップしていって、その動きに激しさを増してやり、まるで暗黒舞踏の世界だったこともあったのだ。とにかく、毎回変化にとんだライブをしていたのだ。

関西から中国地方に向かう時、何日かライブのない日があった。ちょうどそんな折、健さんという当時たまの音響とかを時々やってくれていたオッサンがトラックでやってきたのだ。

当時「『たま』のツアー」といってもライブのない日は遊びの旅行みたいなものだったので、メンバーの他に住所不定無職のような友達が何日間か一緒についてきたりしたことが多かった。

そう、その時は十人ぐらいの顔ぶれだったか、トラックとはこりゃ、汽車賃が浮いて旅行が楽しめるじゃないかと皆喜んだものだ。

だが、小型トラックの座席に座れるのは運転手も含めて三人。じゃ、あとの七人はどうするかというと、言わずもがなの荷台の上。といっても、当然ジャッパーンのホーリツで荷台に人が乗って移動してはいけないわけだから、町中を通る時は青いビニールの幌《ほろ》の下でジリジリの暑さに耐えて汗ダラダラで隠れ、山道や郊外に出るとフーッと顔を出すという塩梅だったのだ。

夜中じゅう走って真っ暗な鳥取砂丘に着いて、やれやれとそのまま荷台にグガガッと眠りこけて、陽の光にハッと目覚めるとちょうど真上をロープウェイが通っていて、その客全員に凝視されていた、なんてこともあったり、やはり幌を被って山陰の小さな町を通り過ぎようとした時、突然夕立ちが降ってきて、幌の上に物凄い勢いで雨水がたまり、「ウワーッ!」とあやうく雨水に押しつぶされて世にも珍しい「トラックの荷台の幌の下で雨水により圧死」という事故になりそうにもなったのだ。

小野田では友達の友達という、言わば知らない人の家に泊まらせてもらったが、そこは以前駄菓子屋をやっていて古いおもちゃが倉庫に眠っているというのでシメシメと買い付け、レトロブームが始まりかけた東京に送ってフリーマーケットで売り捌《さば》いたりと、途中でこっそりそんな商売もして糊口《ここう》を凌《しの》いでいたのだ。

九州大学医学部法医学教室、別名ドグラマグラ教室で演った時は、ゴミ箱までウォーッと被ったりして盛り上がったのだが、夜、そのままそこに寝泊まっていると「見える」奴が「（幽霊が）ウジャウジャいて気持ち悪い」と言って出ていってしまった。俺達は背に腹は変えられんわいと、スヤスヤと天使の寝顔だったが、今考えると遠藤周作《えんどうしゅうさく》の「海と毒薬」で書かれた「生体解剖実験」が行われた場所かもしれなかったのだ。

そりゃ、出るわな。

大村の鉄工所の集会室で歌った時は、お客が村のおばはんと子供達ばかりで、妙な盛り上がり方をした。

俺達の曲に合わせて、なんと盆踊りが始まってしまったのだ。客席でみんな輪になって、踊っている。さらにキス責めにもあったりと、俺もお返しにズボンを脱いで客席に投げたりと、まるでお祭りバンドだった。

佐賀の「GEILS《ガイルズ》」というライブハウスは、初めてサインや握手を求められたり、チヤホヤされてスター気分を味わった記念すべき場所だった。

ところがいい気分でライブハウスを出てハタと気づくと、なんと本日の宿泊場所が、ない。

みんなで公園のベンチに行ったけれども、蚊が物凄くて退散。

結局、駅の待合室に拾ってきた新聞紙を敷いて寝ることにしたのだ。

隣には、やはりどこからか拾ってきたバケツで洗濯をして、待合室の椅子に次々と洗濯物を干している奴もいて、すっかり気分はホームレス。

「あれ、俺達さっきまでスターだったよなぁ……」

ということで、まさにツアーは「青春の日々」そのものだったのだ。

自主制作テープも『またたび』（前述「かき揚げ丼」名義のライブを収録）、『ねこばば』（後日、地球レコードからCD化）、『ふろく』（正に付録で、東京でのライブのみか、もしくはよく来てくれるお客さんだけに特別販売したもので、地方ツアーでは販売していない）、『さるぼぼ』と三年間で四本発表して、ツアーで売り捌いたりして旅の資金にしていた。

もちろんちゃんとした録音機材などもまだなく「デンスケ」というその頃の「ちょっと録音状態がいいカセットデッキ」で録音していたのだが、個別のマイクなどもまだなかったので、俺の太鼓は音が大きいので、部屋の隅っこの方に行って他のメンバーから遠く離れて、

「おーい、次の曲はなんだ〜い！」

とか大声で聞いて立ち位置で音量調節をしてたりしたのだ。

しかし二年目のツアーが終わった八六年の夏の終わり、柳ちゃんから唐突に提案があった。

「そろそろ解散しない？」

確かに突っ走ってやってきた。濃密なバンド活動だった。

そしてたぶん俺が思うに、柳ちゃんとしては「このバンドでできることはあらかたできた。俺は次のステップに進みたい」ということだったのではなかったろうか。あくまで俺の予想ではあるが。

しかし俺も知久君もまだこのバンドが楽しかった。まだまだいろんな可能性もあると思ったのだ。他のメンバーではそうそうできない魔法のようなものがある気がした。

特に知久君は熱心にバンドを続けるべき、の説得を柳ちゃんにした。そして、

「なんか上手いベースとかが入って音楽的にさらに充実するなら続けてもいいよ……」

という彼からの声を引き出したのだ。

確かに楽曲は自分達でもそこそこ面白いと思っていたが、まだ演奏が未熟でつまずくこともあり、しっかりしたベースの音の上で遊べれば、と思ったのだ。

そこで早速、知久君が毎回イラストをつけて担当していたＤＭに、

「ベース募集！」

の告知を打ったのだった。

第三章

音楽仕事天秤時代

ベースに応募してきたのは、たったひとりだった。

滝本晃司《たきもとこうじ》。

上馬の「ガソリンアレイ」というライブハウスで半年ほど前、共演したことがあった人だったのだ。

その日、ライブハウスには「本日の出演　たま/Closed・G・Show」と書かれていた。マスターに聞くと、

「なかなか面白いバンドだ」

というので期待してステージを観ていた。

すると、滝本晃司がたったひとりギターを抱えて出てきて、

「こんばんは。Closed・G・Show です」

と言った。みんな内心、

（バンドやないやんけー‼）

と突っ込んでいたら、

「メンバー全員に逃げられました。なので今日はひとりでClosed・G・Show です」

とMCした。

歌は、面白かった。

とりたてて派手なことは何もないのだが、詩も曲も微妙な「生活の中のさり気ないシュールな風景」を醸し出していて、俺達も、

「久しぶりに面白い人を見たねー」

という感じだったのだ。

そして彼が「たま」の「ベース募集」に応募してきたのだった。

早速、彼に連絡を取ってみた。

「あの、ベースはかなり弾けるんですか？」

その答えはこうだった。

「いや、弾いたことはないんですけどね……」

「…………」

俺達は躊躇《ちゅうちょ》し、相談した。なにせ、こちらが欲しているのは俺達のヘタクソな演奏を包み隠してくれる「上手いベーシスト」だったのだから。

しかし、その当初の目的とは違うが、

「確かにあの人が入ったら、ちょっとまた違う感じになって面白いかもね……」

にだんだんと三人の意見が変わっていった。

そういえば、その応募の件はそもそも皆で集まった時、知久君に聞いた。

「応募あった？」

「たったひとりだけね。……Gさんからありましたよ」

「じ、じーさん⁉」

それまで彼は何度か「たま」のライブに来てくれていたので顔みしりにはなっていたのだが、いつも「Closed・G・Showの人」と俺達は呼んでいたのだ。仮名で書けば「くろうずどじいしょうのひと」と十三文字もある。はっきりいって長すぎる。味噌汁は冷めてしまう。

そして話を聞いて、

「なるほど『Closed・G・Showの人』だからGさんね」

すぐその場で納得して、本人にも、

「あの……Gさんって呼んでいいですか？」

と聞いたところ、

「あっ、なんでもいいよー」

ということでこの名に決まったのだが、その後デビューしてことあるたびに、

「なんで滝本さんのことは、他のメンバーはみんな『爺さん』と呼ぶんですか」

と聞かれるようになることは、全く考えていなかったのだ。

もっともこの時はまだ独身だったGさんも長女が今や高校生。本当の意味での「爺さん」になるのも時間の問題かもしれないのだが。

ちなみに自分達はずっと一緒にいるし、やってることもあまり変わってないので時間感覚が麻痺してしまうが、子供とかの成長を見るとやはり時の流れを感じてしまうのだな〜。

ちなみにGさんに後日、なんで応募したのか聞いてみたところ、

「もう『たま』はすでに完成しているバンドだった。ここに知らないベースが入ってバランスが崩れるなら、いっそ俺が入ろうと思った」

とのことだった。


Gさんとの初の練習は、柳ちゃんの実家の隣の空き家だった。

当時はもちろんリハーサルにまともにスタジオを借りるお金もなく、というかあれば「飲み」の方にズドドドと走ってしまう♪へべレーケ〜ハレルヤ〜の俺達だったので、よくて公民館。しかも

一番安い「ピアノ室」を借りるのだが、ここは定員二名。

そこにこっそり三人入ってやっていて、係員が通るたびにドアの下にひとりが縮こまって必死に隠れたりしていたのだが、

「ここは定員二名だって、申し込みの時に言ってありますよねぇ‼」

とか再三見つかって、トホホホになり遂に借りることができなくなってしまったのだ。

さて、なんで空き家を使えたかと言うと、当時柳ちゃんが父親の仕事の関係で社宅に住んでおり、そこの隣の家もその社宅だったが一時空き家になっており、鍵を預かっていたので、そこにこっそり潜り込んでやっていたのだ。

しかも空き家なので電気も点《つ》けられず、なんと蝋燭《ろうそく》を灯《とも》して、しかも演奏の練習なのに、

「なるべく音を立てるなー！」

とか言ってやっていたのだ。馬鹿である。

しかしそこはそれ、初めてGさんを迎えるのに蝋燭ではさすがにひかれるだろうと思い、その日だけはゴージャスに電気を灯して練習した。

もっともベースを持ってきてもらったものの、もちろんアンプで音を出すのはさすがにヤバイということで、やっぱり「音なし」練習だったのだが……。

だが結局ここもすぐに立ち退《の》かざるを得なかった。何故なら、
「空き家から夜毎、妙な声や鐘の音が聞こえるんじゃ……！」
と町に妙な噂が広がり始めたので……。

しかしGさんが加入したことによって、やはりサウンドにだいぶ厚みが出たり、アレンジのバリエーションも増やせる結果になった。

さらに、ほぼ時同じくして、知久君のビル掃除のバイト仲間で音響の専門学校に行っていた小俣《おまた》佳久《よしひさ》君が、
「勉強のため、音響を手伝わせて下さい」
と言って、バンとともにやってきた。

これによって、それまで手持ちでしか運べなかったためにどうしても種類の少なかった俺のパーカッションも車で運べるようになり、徐々に鳴り物とかも増やしていけた。

そして小俣君の器用な工作により、俺には到底作れない現在のパーカッションセットもアイデアを出し合って作ってもらった。

オルガンなどの大きな楽器も運べるようになった。

マイクのちゃんとした使い方や、モニターについても教わった。

結局彼も「たま」の解散までずっと一番信頼できる気のおけないスタッフとしてついてくれ、中期以降はライブの音響、そしてCDのレコーディングエンジニアとして八面六臂の活躍をしてくれた。

彼がいなかったらおそらく「モニターって何だ？　自分の演奏している音が聞こえないぞっ！　あ〜やんなっちゃったな〜」とか「オルガン運ぶのかったり〜な〜」とかのくだらない理由で「たま」はもっと早くに消滅していたのは確実だっただろう。そういう「たま」のグータラな部分も全て不言実行で補ってくれていたのである。

まさに小俣君、いやオマちゃんは「五人目の『たま』」であったのだ。


その頃、ひとつの憧れのライブハウスが俺達にはあった。

それは吉祥寺の「曼荼羅《まんだら》」という店だった。

俺達好みのバンドが多数出演していたが、プロも多かった。（ちなみに現在は曼荼羅グループは四軒のライブハウスに分かれているが、この時はまだ一軒だけだったので、より濃度が高かった）。

と、そこに知り合いの「三丁目ジャグバンド」というバンドの前座で出させてもらえる、という話がきて、俺達は飛び上がって喜んだ。なにせ、曼荼羅は普通にオーディションを受けていたらまず絶対無理と思われるほどの、音楽版「科挙」のようなライブハウスの登竜門的存在だったのだから。

ところが俺達が演奏を終えると、当時曼荼羅のマスターをやっていた無口で一見怖そうな中野《なかの》さん（現・MANDA-LA2マスター）がすっかり気に入ってくれたらしく、

「毎月やってみないか？」

と唐突に言われたのだ。本来新人なら必ずあるはずのノルマについてもひと言も言われず、これは異例なことでもあり俺達は狂喜した。

そして結果的に「たまの月例会」という名前で、デビューからの数年間の中抜けはあったものの、ほぼ十八年あまりにわたり、曼荼羅グループの店でライブをやることとなったのだ。

毎月ライブが同じ場所であるということは毎月何か新しいものを出さなければならない、といういい意味でのプレッシャーもあり、まさに「たま」を実質的に育ててくれた店だった。

やはりホームとなるライブハウスをひとつ持ち、状況を継続的に見てもらっているのでさり気なく「今日はノッてたけど、逆に演奏はちょっと粗かったね」などとスタッフからアドバイスなどもされることが、気づかないうちにバンドを成長させてくれるのだ、と気づいたのはもっと後になっ

てからのことだったが。

「たま」の解散ライブを大きな会場ではなく、最後に曼荼羅グループの「スターパインズカフェ」で行ったのも、俺はせめてもの恩返しのつもりもあったのだ。


　曼荼羅での動員も徐々に増えていった。

最初は三十人ぐらいだったが、いろんなイベント等にも出たりしていて、口コミで五十人、七十人となっていった。

時にはプロの友部正人さんや小室等《こむろひとし》さん、漫画家の永島慎二《ながしましんじ》さん、絵本作家の田島征三《たしませいぞう》さんなどのビッグネームが来てくださったこともあり、人づてに聞いたのか「なんでシロートの俺達のライブに!?」とキンチョーしたりもした。

そして今でもその傾向は強いのだが、だいたい自分でも何かの表現活動している人、つまりミュージシャン、詩人、カメラマン、画家、漫画家、イラストレーター、陶芸家、役者、演出家などがお客に多かった気がする。


さて動員も増えると当然ギャラも雀の涙ぐらいには頂戴できるようになってきた。

貰ったギャラは一時的にキープしておき、リハーサルのスタジオ代等に使って、数ヵ月にいっぺんぐらいで様子をみて、余っていたらメンバーで分けるという方式を取っていた。

そのお金の事を「たま金」と言っていた。

だからよく、電車の中で当時スタッフだったあかねちゃんという女の子が大声で、

「みんな～、タマキンそろそろたまってるよ～」

とか言って、まわりの人達をギョッギョッギョッギョッとさせたものだった。

余談だが、その「タマキン」と叫んでいたスタッフのあかねちゃんもやはり歌うたいであり、今、俺や知久君も参加している十五人編成の「パスカルズ」というインストルメンタルを中心にした和み系前衛バンドのトイ・ピアノと女性ボーカルを主に担当している。

そしてついこの間、エイベックスから出た「URCレコード（昔のアンダーグラウンドな音楽をよく出していたレーベル）を歌う」みたいな企画アルバムで、パスカルズは三上寛の「ひびけ電気釜!!」という曲をカバーしており、その中の歌詞で「キンタマ」という言葉が出てくるのだが、それを彼女は淡々といい感じで歌いあげている。

それも、若いうちにこの「タマキン」連呼で鍛えあげられた成果であろう。（本人談・「違うってばっ!!」）

……よかったな。

さてバンド結成三年が経ち、八七年の初め頃、「ナゴムレコード」という自主制作レーベルにデモテープを送ってみた。これはぼちぼち自分達でダブルカセットデッキでしこしこダビングしていた自主制作テープもかなりの数が出るようになり、制作もそこそこ大変になってきたので、レコード（アナログレコード。当時ＣＤはまだまだ一般には普及していなかった）が出せればな～という感じだった。

そこでそういうことをやってくれそうな、いろんなインディーズのレーベルを「ＤＯＬＬ」等の雑誌で探したが、募集告知のキャッチが「熱血ロッカー募集‼」とかが多く、その中で唯一ヘナヘナ感、馬鹿馬鹿感が漂っていたのが、ナゴムレコードだったのだ。毎月主宰者であるケラさんが、変な手書きのイラストで広告をうっていた。また今で言う「不思議ちゃん」の走りとも言える「ナゴムギャル」と言われた追っかけが多く、一風変わったバンドが多かった。それでもロック系という感じはあったが、

「まぁ、他にないしな……」

ということでお試しで送ってみたのだ。

ちなみにデモテープはちゃんと録音や編集をしたものではなく、Gさんが初めて全曲に参加したライブを生録したものをただポンと送っただけだった。

そういうところにテープを送ったのも初めてだったし、「イカ天」まではコンテストに出たことも一度もなかったのは、今考えるとよほど自分達が世間の流行とは無縁のものであり、こつこつとこういう音楽が好きな人だけが口コミとかで来てくれればいいや〜という感じが強かったのだと思うのだ。

案の定、テープを送ったものの全く反応なし。やっぱり俺達の感じじゃ駄目なんだな〜と思っていた。

その頃はパンクからテクノ、そしてニューウェーブといった感じの音楽が全盛で、俺達はそのどれでもなかったのだ。

と、その年も終わりかけ、こちらもテープを送ったことなどすっかり忘れていた頃、突然ナゴムレコードから連絡があり、

「オムニバスのアルバムを作るので一曲録音して欲しい」

と言われた。

そしてそれからすぐ、ナゴムレコードの主宰者であり、当時人気絶頂の「有頂天」のリーダーか

つボーカルである「ロックスター」のケラさんがライブを観に来てくれた。ただ、ステージでは顔面白塗りに黒い目張りがトレードマークだったのが、私服でノーメイクだったので、一瞬、

「誰だろう？　この兄ちゃんは」

と思ったのだが、なんと、

「すぐにシングルを作ろう。それが終わったらアルバムだ！」

と興奮気味にたたみかけてきたのだ。

あとで聞くと、テープもよかったが、そのステージを観て本当に衝撃が走ったと言われた。

俺達はもちろん喜んだが、その実行力の早さに、

「さすがロックの人は違うな～」

と思ったものである。

この頃は名古屋の「少年王者舘」という劇団ともなんだかんだと付き合いがあったり、大阪の「維新派」という劇団と合同公演した時は名古屋の白川公園というところに巨大な鉄骨を組み、ビル何階か分に相当する高さに、風がビュービュー吹き抜ける中、劇中バンドとしてブルブル震えながら演奏したり、「たま」の曲を全編モチーフに使った「メンキ」という芝居もあったりした。

その頃のGさんはバリバリのサラリーマンだったので本公演には参加出来ず、

「でも東京公演の最後くらいはちょっと出られたらいいのにね……」

と言うと、

「……わかった」

と言って、カーテンコールの時だけ、俺達や役者陣に交ざってパジャマ姿で登場した。

と、終わるやいなや大急ぎで着替えているので、

「どうしたの？」

と聞くと、

「いや、今、実は勤務中なんだ。『外回りしてくる』と言って出てきたんで、即行で会社に戻らなくちゃ」

と言って、スーツ姿に戻ると、一分前までパジャマ姿で舞台に立っていたGさんは、一瞬にして「サラリーマン金太郎」ならぬ「サラリーマン滝本晃司」になって、車を飛ばして帰っていったのだった。


さて、それでもライブの回数はどんどん増えていった。ナゴム関係のイベントにも多く出演する

ようになった。

ちなみにその頃ナゴムレコードに関わっていたバンドは、人生（後の電気グルーヴ）、筋肉少女帯（大槻《おおつき》ケンヂ）、カステラ（トモフスキー）などなどだった。

すると一番困るのが、やはり唯一まともに就職していたGさんだった。

何せ、ライブ出演となれば当然サウンドチェックやらリハーサルやらで、遅くとも午後四時頃までには会場入りしなければならない。

しかし九時五時の通常勤務をしていては、ライブのたびに早退せねばならない。

そこでGさんは一大決心をした。その頃はどうもあまり時間に関係ないデスクワークをしていたらしく、思いきって社長に提言したのだ。

「僕だけ朝五時から勤務しますから、お昼の二時にはあがらせてくださいっ！」

しかしちょうど人手不足だったのか、そのGさんの提案は見事受け入れられた。

何事も言ってみるものである。

だが問題はまだあった。俺と知久君は割と時間が自由になるバイトをしていたのだが、柳ちゃんもまた大学を出たものの、まともに仕事をしていなかったので家庭内で肩身が狭くなり、フランス料理屋に勤め始めたのだ。ライブの時はなんとか日程調整ができたが、やはりリハーサル等もあるとそうそう好き勝手にはできない。

柳ちゃんが仕事が終わるのが夜十二時。そしてGさんは朝五時からの勤務。

ということで、リハーサルは間を取って夜中の一時から四時まで。かたや仕事帰り、かたやそれから仕事。世間から見たらかなりハチャメチャで、正直、若かったからこそできた、ということもあったろう。おそらく今だったらきつくて根をあげていただろう。

でも、それでも忙しくなるのは嬉しかった。


当時ナゴムで一番人気は「カステラ」で、彼らと新宿のロフトで共演した時、明らかにカステラ目当ての客が多いと思ったのに、ギャラは折半で、なんと十万円だった。

「じゅ、十万！」

その頃の俺の一ヵ月のバイト収入が約十万円だったので、四人でとはいえ、たった一時間のステージで十万円‼

これには正直、罪悪感を覚えたほどだった。

それに伴い「たま金」の分配も以前より増えてきた。

俺は「たま金」が増えて、少しでもバイトが減らせればなーと思っていた。

この時でも、他のメンバーはわからぬが、少なくとも俺はまだ音楽だけで食えるようになるなんて、夢にも思っていなかったのだ。

その頃俺がやっていたバイトは、意外と思われるかもしれないが病院の受付、いわゆる医療事務だった。

と言っても夜間や休日などの通常業務時間以外のいわゆる「時間外」の受付。

場所は新宿で大学病院だったので、すべての科があった。

ここで患者が来院するとカルテの作成や再診の人のカルテ出し、薬価計算から会計、入院患者が死亡すれば葬儀屋への連絡など事務仕事は何でもやった。

夜間勤務の通称「泊まり」は十六時間勤務できつかったが、患者が何時間か来ない時もあり、そんな時は本を読んだり歌詞を考えたりと、俺にはうってつけの仕事だった。

また不謹慎と言われるかもしれないが、緊急で運ばれてくる患者やその家族の様子などは人の生活の裏側を見るようで、ある種の人生勉強にも結果的になった気がする。

ま、あまり深刻な病気の事は書けないので下ネタ関係の自損事故をいくつか例にあげよう。

まずは元日からやってきたおっさんふたり。おっさんだが、なんか目が変な風に潤んでいてちょっと妙な感じだ。

「肛門科お願いしま〜す」

「どうされましたか？」

症状によっては患者の思っているのと別の科が診《み》ることもあるので、一応聞くことになっているのだ。

「どうって、……ねぇ」

急患で来院しているのに、ふたりで目配せしてにやにやしているのだ。

「はっ？」

「入っちゃったまま、取れないの」

「お人形さんっ！　お尻のな・か・に」

「……。で、で、えっと患者さんはおたくで、こちら様はご家族の方ですか？」

保険の問題とかもあるので、これも聞いておかなくてはならない。

「ご家族……そうねぇ、ま、あえて言えば兄弟かしら。兄貴分だから。ふふっ！」

「………」

救急車でやってきたが、一応自分で歩ける程度の男性。

「泌尿器科お願いします！」

と、救急隊員が、

「例のもの、ちゃんとお医者さんに見せるんだぞっ！」

(例のもの……?)

そして診察が終わりカルテ整理の時、見えてしまったのだ。医者の字で、

「クランケは粘土にて棒状の綿棒のようなものを自ら製作。尿道に差し込んでマスターベーション中、激しい摩擦により尿道内にて棒が破損。除去作業を行う」

何事も工夫は大変いいことだと思うが、ちゃんと事故の起こらないものを慎重に製作した方がよいな。


同じく救急車で運ばれて来た女性。担架に載せられている。

「婦人科お願いします！」

そして緊急入院。だんなさんや子供達も深夜だが一緒にかけつけている。

婦人科で緊急入院は珍しい。お産ならあり得るが、お産は基本的に再診。この患者さんは初診なのだ。

と、顔見知りのナースがこっそり教えてくれた。

「馬鹿ねぇ、あの夫婦。夜の営みの最中にだんなさんが裸電球を奥さんの中に入れて中で破裂しちゃったんだって」

突然の入院に、お父さんは事情をよーく知っているが、何も知らない無邪気な子供達はお父さんに大声で聞くのだ。

「お母さんどうしちゃったの？　普段通りに元気だったのに。なんの病気なの？　ねぇ、お父さんたらあっ！」

「むむっ……」

お父さん、じっと腕組みをしたまま何も答えられず。

とにかく「何かを入れる時は細心の注意が必要」ということだけはしっかり学んだのだ。

他にも場所柄、ヤクザ、性的マイノリティのかたがた、外国人、犯罪者など多数の人と接したのもいい経験になった。

芸能人なども時々やってきた。ストレスのたまり過ぎで体調が悪くなり来院し、数週間後ワイドショーで離婚報道とかがあったりすると、

「あぁ、これが原因だったのか」

などと思うこともあった。

結局このバイトはデビューするまで五年以上続けた。他にもガードレール工場、スーパーなどの棚卸し、おもちゃの展示会の警備、呉服展示場の片付け、皿洗い、夜間の道路清掃、野球場での「マウンテン・デュー」売り、バスの乗降客調査等いろんなバイトをやってきたが、もっとも自分に合ったバイトだったのだ。


そうこうしているうちに、初めてのきちんとしたレコーディングスタジオでのレコーディングも経験し、そして遂に初めてのアナログ盤四曲入りシングル『でんご』が出たのだ。

と、俺は「シティロード」という情報誌のレコード紹介コーナー（主に商業的ではない、真の「いい音楽」を紹介することで、音楽関係者に人気が高かった）にそのシングルが掲載されているのを見るや絶句した。

時計を見ると知久君がバイトに出かける時間だとわかったので、すぐさま高円寺駅に走り、待ち

伏せして、知久君がのそのそ歩いてくるのを見るや、

「おいおい、『シティロード』は見たろーな！」

と聞いた。まだ見ていないというので、俺はページを開いてやった。

と、そこには、

「今月の一押しレコード」

と言うことで、俺達の『でんご』がドーンと巻頭に一枚だけでかく取り上げられていたのだった。知久君も信じられない、という顔をして思わずふたりでなんと言ったらいいのかわからず、言葉もなくはしゃいでしまった。

これは嬉しかった。本当に嬉しかった。

それまででももちろん「面白い音楽だね」とか口で誉められたことはあったが、活字になって誉められるのはまた、まったく別物である。

初めて世間に自分達の音楽が評価された気がして、その日は一日じゅうニヤけていたのだ。

そして、間髪おかず、友達から情報が飛び込んできたのだ。

「帝都無線（新宿の紀伊國屋書店の中にある、当時インディーズのレコードが一番充実していた店）に行ったら、インディーズチャートで『でんご』一位だったよっ！」

「えぇっ!?」

そこそこライブで客が増えてきた、といってもワンマンでの動員はせいぜい百人ぐらいである。

一体誰が買ってるんじゃ？

と、正直頭の中はクエスチョンマークでいっぱいだった。


ちなみにこの『でんご』が出たあたりで俺は結婚をしたのだ。

元々俺は友達は多いものの、ひとりも好きだった。ひとりでいる時間も重要だった。

なので自分が結婚するなんてそんなただベラマッチャなことは、ほとんど考えもしていなかった。

ただ、彼女は言わばもうひとりの俺だったのだ。

一緒にいてもよく喋るのだが、なぜだかある種、空気のように、ひとりでいるのとあまり変わらない精神状態でいられ落ち着けたのだ。こんな人は後にも先にも初めてだった。

何かにつけ「笑うポイント」なども似ていた。

これは長く一緒にいるには結構重要なことだと思う。

そして本当に発する気配が似ていると客観的にも思ったのは、デビューしてからよくファンの人に、

「今日、石川さんの妹さん見ました！　そっくりだから、すーぐわかっちゃった！」

とファンレターを貰ったりすることだ。

俺には、妹は、おらんわい〜っ！　それは妻じゃ〜いっ！

血縁関係がないのだから、とーぜん顔が似ているわけではないだろーから、なんとなく出しているオーラが似ていたのであろーか。

しかも皆、確信を持って報告してくるのだ……。

デートはたいてい知らない駅で降りて町歩きをするか、もしくは新宿のダンキンドーナツで延々ふたりでセブンブリッジであった。金を使わずに遊ぶのが楽しかったのだ。

ちゅーか、それ以前にもちろん金なんてなかったんだけどね。

しかし、いつも勝負が面白くなってきたところで終電。

そこで考えた。

帰る家が同じなら、ずっと遊んでいられるじゃないか。

それが俺が結婚を決意した一番の理由だった。

そして遊ぶために結婚した最たる証拠に、結婚後ふたりが最初に買ったものが鍋でもやかんでもなく、そのちょっと前に発売されたファミコンであったという事実がそれを物語っている。

帰宅時間を気にしなくてもいい環境で、毎日白熱の勝負をしていたのだ。

だが家計は一緒なのでお金を賭けて遊ぶことはできなかった。そこで「ウキュピ」という家庭内通貨を造幣し、それを賭けたのだ。

例えば五十ウキュピ貯まると肩揉みとか皿洗いとか。

誕生日には、家計のお金を使って何かしょーもない無駄なプレゼントをするよりも、そっと夜中に相手の貯金箱にウキュピ札を入れてやったりしたものだ。

ま、愛のひとつの形だな……。


結婚式もしなかった。

俺はその頃もちろんバイト暮らしだったし、彼女は一応きちんとしたＯＬ勤めはしていたものの、性格は俺と同じくグータラで儀式とかが嫌いだったので、お互いの家族を呼んで食事会をし、婚姻届に捺印しただけだった。

そしてその日に限って我が家のトイレがぶち壊れてトンデモナイ事態になったので、まさにウンのついた結婚だった。

ただ結婚式はしなかったが、友達を呼んでのパーティだけはやった。参加条件は、「頭の上に何かを載せてくること」だった。

スルメを載せて臭《にお》う奴。

なぜか汽車を走らせてる奴。

打ち上げ花火を載せてパシューッと破裂している奴。

ちなみに、そのパーティには、ふたりのプロフィールやお祝いのメッセージなどを載せたミニコミもおみやげでつけたのだが、そのタイトルは、

「100年一緒に遊ぶ」

であった。

第四章

「イカ天」で人生大逆転!?

「イカ天」、という深夜のテレビ番組がその頃人気を博していた。

アマチュアのバンドコンテスト番組で、毎週十組のバンドが出場するのだ。五人ほどの音楽評論家やプロのミュージシャンがいて、つまらないと思われると「ワイプ」というボタンを押され、演奏画面がシュルシュルシュルーとどんどん小さくなっていき、ボタンを押す人が多いと三十秒もしないで演奏が消されてしまうこともある、という趣向だ。三分持てば「完奏」となる。

そしてその週に出た十組の中から最優秀だったバンドが前週までのイカ天キングと対決し、より反応がいいと、最長五週間まで勝ち抜け、五週勝ち抜いたバンドは「グランドイカ天キング」と呼ばれる。

確かこの番組が始まった当初、生番組だったのだが、演奏中にあるバンドの女性メンバーが突然パンツを脱いでモロミセにしてしまったというハプニング等もあり、それも番組人気の一端だったと思う。

その後さすがにそーゆーハプニングはお上《かみ》からもヤバイという判断か、生番組ではあるが、演奏シーンだけは当日の昼間に収録し、そのビデオを観ながら審査結果を待つ、という構成になった。

さて、俺達「たま」だが、やはりこの番組のことは話題にのぼり、「出るべきか、出ざるべきか」で意見が真っ二つに別れた。

「出てもいいんじゃないか派」は、東京ではそこそこライブハウス等でお客さんが入るようになったが、地方のツアーとかはまだ動員が弱いので、テレビによって地方の人でもこの手の音楽が好きな人に伝えられる。そして何より現在はチラシ（今ではフライヤーと言うのか？）でしか宣伝ができず、それではイメージを伝えることしかできないが番組に出ることによって実際の演奏を見せられればチラシよりよほど直接的でいいのではないか、という意見。

「出るのはいかがなものか派」は、今ブームになっている番組にブームだからとへーこら出るのは安易すぎる。徐々に動員も増えているのだから、このままコツコツやればいいではないか、という意見。

どちらも一理ある。

友人のバンドが出て、イカ天キングになったわけでもないのに一気に動員が増え、ライブハウスが満員になっている状況等も見てたりもして、四人で、

「うーむ」

「うーむ」

「うーむ」

「うーむ」

と唸っていた。

しかし俺達のバンドの大きな特徴に優柔不断というのがあり、「うーむ」と腕組みしたまま、いつのまにか何週間も時が経ってしまったのだ。

すると、そんな様子を見かけていた当時「たま」のスタッフをしていたあかねちゃんが、そんなだらしない男どもに業を煮やし、メンバーに何も言わずにデモテープを勝手に番組に送ってしまったのだ。

と、返す刀で事務局から返事がきて「収録日の決定」を知らされた。

俺達は「ええっ⁉」と思ったが、

「収録日が決まったんじゃなぁ……」

「じゃあ、出るか……」

相変わらず優柔不断なまま、結局出演することにした。

最初の収録日、八九年の十一月十一日は奇しくもバンド結成の五周年であり、なおかつ

「MANDA-LA2」でのライブ当日でもあった。

俺達は昼間テレビ局に行って演奏シーンの収録を済ませると、大急ぎでライブハウスに入り、リハーサル、そして本番を行い、お客さんに、

「あのー……これから『イカ天』に出まーす」

とか言ってまた大急ぎで車を飛ばし、深夜のテレビ局へと戻った。

番組は始まり、何組めかは忘れたが俺達の番が来た。

曲は「らんちう」。

ビデオが流れはじめた時、俺達の願いは只ひとつだった。

「ワイプ攻撃で消されずに、完奏（三分間）まで流れてくれー　おたのみ申しますー」

なにせ、審査員の評価が低いとあっという間に消されて、

「こういうふざけたのは、駄目ですね！」

てな感じで審査員から軽ーいコメント一言もらってアジャパーという可能性だって充分にあり得るのだ。

インディーズではちょっとだけ名前が出てきたところだったので、

「正体見たり、枯れ尾花！」（言葉の使い方違うか？）

でイメージダウンし、かえってお客さんが減るおそれだってあったのだ。

結果、なんとか完奏。審査員の反応もなんとなくいい感じだった。

審査員の中島啓江《なかじまけいこ》さんからも、

「もしかしたら凄いかもしれない！」

のお言葉も頂戴した。

それでも「優勝」とかは全く考えていなかった。

なにしろ、それまでイベント等に出演してもどのジャンルからも異端児扱いされていた、言わば「醜いアヒルの子」であったからだ。


ところが、三十分ほどあとに番組に異変が起きた。

この番組には出演審査員の他に何十人かの「在宅審査員」というのがおり、特に気に入ったバンドがあるとＦＡＸで連絡があり、バンド名が書かれたホワイトボードに選挙よろしく、赤いバラの花の飾りがつけられるのだ。

だいたいのバンドは多くても三、四個。ところが「たま」のところにはみるみる十個以上のバラが貼られたのだ。前代未聞といっても良い数だ。

「あ……れっ？」

メンバーはちょっと唖然とした。

通常はそのボードを見ながら、中間報告的に次々とバンドへのＦＡＸを司会の三宅裕司《みやけゆうじ》さんが読み上げるのだ。

そして番組がＣＭに入った時だった。ディレクターの慌てた大声が会場に響き渡った。

「『たま』だけ、別で！　『たま』だけ！　他のバンドはまとめてコメントしちゃってください！」

そのちょっと異様な雰囲気とバラの数を見て初めて俺達にも、

「……もしや優勝ということがあるのか!?」

と気づいた。

結果、優勝。さらに前週までのイカ天キングも破り、新イカ天キングに。またさらに知久君は「最優秀ボーカル賞」を、俺も何か「特別賞」みたいなものまで個別で貰った。

番組が終わり、俺達はちょっと昂揚しながら、朝方でも開いている歌舞伎町の「養老乃瀧」に行き、ひとまず乾杯した。

「あの……俺達……勝っちゃったんだよね」

「……そうみたいだね」

「あれ、ってことは来週も出るってこと⁉」

なにせ、前述の通り全く勝ち抜くことなど考えてもいなかったので、次の週の曲のことなども当然なーんも考えていなかったのだ。

「どうしようか⁉　せっかく今回評判が良かったから、また知久君の曲でいく？」

「いや、『たま』は全員がボーカル取るし、せっかくだから他のタイプの曲もどんな反応があるか、知りたくない？」

「じゃあ、柳ちゃんの曲でいくか。何にしよう。何でもいいんだけどねー」

「まぁ、今回の『らんちう』がアングラ丸出しだったから、ちょっとポップな『さよなら人類』なんかどう？」

「あぁ、それでいいかー」

歌舞伎町の朝は、昨日の名残りのピンクチラシやらのゴミが、一陣の風に舞っていた。

俺達は通勤客の流れに逆らって、深まっていく秋の朝、帰宅の途についた。

しかしたった数時間後に、俺達は「テレビ」という巨大メディアの影響力をまざまざと知ることになる。

その日の午後に起きた俺は、知久君と、以前から誘われていた友達のライブに行くため、新宿駅で待ち合わせをしていた。

すると電車の中で、

「昨日の『イカ天』観た？　凄いの出たよね」

とちょっと離れた席の高校生らしき女の子達が話している。

「あれって、もしかして俺達の事かなぁ……」

と知久君と小声で話し合ったりしていた。

そして、駅についた。すると、ドアから出た途端、ホームにいたオッサンが、

「うわあぁぁぁぁ!!」

と俺達を見て腰を抜かさんばかりの大声をあげた。

俺達は化け物か……。

「た、『たま』の方達ですよね」

「はい」

「き、きのう観ました。よ、良かったです」

「あ、ありがとうございます」

そしてライブ会場に着くと、なにかみんな明らかにこっちの方を見て、ひそひそ話している。

「あれ……俺達の事、結構噂になってるのかなぁ」

でもまぁ、ライブハウスに足を運ぶような人というのは割と「イカ天」を観ている確率も高いと思われるので「ちょっと俺達有名人？」ってな感じでニヤニヤしてしまった。

しかし、それがその次元ではないことに、帰りの新宿駅ではっきり気づかされた。

ホームで電車を乗り換えようとしていると、なんと女子高生の集団が、

「『たま』だー！」

「『たま』があそこにいるぞー！」

と叫んで、凄い勢いでドドドドッと追かけてきたのだ。

「ど、どうなってるんじゃあぁぁぁぁーっ‼」

俺達はあわてて電車に飛び乗った。

つまりたった一夜にして、全く無名だった俺達が、いきなりシンデレラのようにまわりに認知されてしまったのだ。

ちなみに当時、「たま」の連絡先は知久君の家になっており、ライブハウス等に貼ってあるチラ

シにもその電話番号が記されていた。

そして数日後だったか、知久君がちょっと疲れた顔をしていたので、

「どうしたの？」

と聞くと、

「留守番電話に毎日数百件のメッセージが入っていて、それを聞くだけで朝になっちゃうんだよ……」

ほとんどはテレビを観たファンからのものやイタズラ電話だったらしいが、中にはレコード会社や音楽事務所などからの重要なものもあり、聞かないわけにいかないが、とてもとても個人で捌《さば》ける量ではなかった。

また、その頃ちょうどナゴムレコードから俺達の初めてのアルバム（まだアナログ盤だった）が発売になったのだが、そこはインディーズのレーベルなので、それまで一日多くてもせいぜい数十枚程度の通販をスタッフが細々とやっていたのだが、いきなり一日で何千通だかの通販申し込みが来て、パニック状態に陥ってしまったそうだ。

つまりカウンターだけの常連さん相手の居酒屋に、ガラッとドアが開いたと思ったら見知らぬ何千人もの客が一挙にズドドドッと暴れ馬のように押し入ってきた状態、と思えばいいだろう。

ちなみにケラさんは「たま」で儲けたお金でお父さんのお墓を建てられた、と言っていた。俺達がした、数少ない善行である。

その後、「さよなら人類」「オゾンのダンス」「ロシヤのパン」「まちあわせ」と結局俺達は五週勝ち抜いてグランドイカ天キングになってしまった。最後の五週目など、

「どうせ勝っても負けても演奏が見せられるのはこれが最後なんだから、思いっきりチャカすかー」

と、あろうことか「バンドコンテスト」なのに、楽器はギター一本のみ。

俺だけランニング姿でボーカルを取り、あとのメンバーはタキシードを着て、無表情でコーラスを取るだけ。

しかもその週の優勝バンドはすでにライブハウス界では相当名の知れた、圧倒的な実力も持つバンド、「マルコシアス・バンプ」だったのだ。

それでも世の中の流れ、ちゅーものは恐ろしい。なんと四対三で勝ってしまったのである。

当人の俺達でさえ、

（そんな馬鹿なー。負けにいったのに……）

という感じだったが、ここで後日「『イカ天』の名采配」と言われた審査委員長・萩原健太《はぎはらけんた》氏の、

「勝負では負けたけど、あまりにもこのバンドを落とすのは惜しい。『たま』もグランドイカ天キングになって来週はもう出られないのだし、ここは『仮イカ天キング』ということで、『マルコシアス・バンプ』には来週も出てもらう、というのはどうですか」

という発言により、結局その後「マルコシアス・バンプ」も他を寄せつけぬ圧倒的な強さで五週を勝ち抜き、グランドイカ天キングになったのだった。

さて、「イカ天」はこれで終わりかー、と思った十二月、「イカ天」の事務局から連絡があった。

「元日に『イカ天』の特番をやるから出演してほしい」

しかし俺達は急激な周りの変化に少々疲れていた。

いきなりどこに行っても声をかけられたり、指をさされたりと、鼻クソも自由に掘れない、ましてやそれを食べることもままならない（いや、食べないがね）状況に突如投げ込まれたのだ。

そして何よりGさんはサラリーマン、他の三人も普通にバイトもまだしていたので、

「なんかこれからも忙しくなりそうだから、正月ぐらいはゆっくり休もうぜ～」

ってな感じになって、業界のことなども知らないので、気軽に、

「あ、その番組は俺達、いいです」

と言ったところ、当時あまりに慌ただしくなったので臨時にマネージャーを請け負ってくれた女の子がテレビ局に呼ばれ、

「もし出ないなら、今後一切局には出入り禁止になるぞっ！」

と半分脅され、ちょっと青ざめて報告してきた。

正直、まだこちらがなんとも言ってないのに、出演は当然だ、みたいな感じで言われて釈然としない気持ちもあったが、今考えると、当時の状況では「たま」はどうやらメイン扱いで、番組としても「たま」の出演拒否は考えてもいなかったのだろう。

結局、今後メジャーでの活動を考えていくなら、ここは穏便に出演した方が無難だろうということになり、九十年一月一日、武道館にて「輝け！　イカ天大賞」という今までのグランドイカ天キング等、一年間に同番組に出た五百組以上のバンドの頂点を決める特別番組に出演した。

俺達もテレビ番組とはいえ、実際お客さんも満杯に入った武道館というステージに立つなどとは、それまでの音楽活動を続けている間に全く考えたこともなかった。

なにせ、自分達はそういう大きな舞台でやるような音楽をやっているとも思っていなかったので。

そして、俺達の出番。

「まぁ、演奏はいつもの通りに……」

と思ってさほど緊張感もないまま、ステージにと出ていった。

しかし俺達が出た途端、そこにあったのは想像を遥かに超えた会場がどよめくほどの物凄い音量の拍手と嬌声だった。

これにはさすがの俺も、

「……えっ!?」

と正直驚いた。

それまで番組内のバンド人気投票で一位とかにもなったが、あまり実感がなかったが、この日の観客の生の反応の凄まじさは、例えたら笑われるであろうが、昔観たビートルズの来日ビデオのような阿鼻叫喚にも近いものがあった。

「たまー!!」

「知久ー!!」

「柳原ー!!」

「滝本ー!!」

「ランニングー!!」

こちらの演奏もかき消されるような声・声・声。

「ななな、なんだ、これは⁉」


そしてあれよあれよで、結局この「イカ天大賞」でも見事大賞を受賞してしまったのだ。

それからはも~何がなんだかシッチャカメッチャカでわからなかった。

ちょっと前までたかだか数十人の客の前で好き勝手に演奏していて、だ~れにも知られていないのでノホホーンでヨダレ、ダッラ~の俺達が、まだ正式にメジャーデビューもしていないというのに、音楽誌の人気投票とかでも一位とかになり「日本を代表するミュージシャン」的な扱いにあっという間になってしまったのだ。

次々と取材の依頼やら大企業のＣＭ撮影やらがやってきて、あろうことか「少年サンデー」や「ぴあ」とかの大メジャー雑誌とかの表紙も次々と飾ったりして、まさに、

「ちょ、ちょっと待ってくれー、心の準備がまだ出来てないでガンスー。ガンスーガンスー、あわわわわ！」

という感じだったのだ。

みんな当然バイトや仕事もやめたが、それぞれの勤務先の社長とかも騒動を見て知っていたので、

「退職届」に退職理由を書く必要もなかったのであった。

第五章

狂乱の一年

一九九〇年。

この一年はまさに「たま」にとって狂乱の一年だった。

そもそも俺は自らある特定の趣味な音楽をやっているという自負があったので、

「こういう音楽が好きな人が聞いてくれればいいや〜」

という感じだったのだ。

メンバーの好きな音楽はそれぞれバラバラだったが、ビートルズ等を除けば、友部正人、原《はら》マスミ、小川《おがわ》美潮《みしお》、突然段ボール、三上寛、ヘンリー・カウ、ロバート・ワイアットなど完全にテレビ、いやラジオからですらまず流れてこないようなマニアックなミュージシャン。悪い言い方をすれば商業的にみれば決して成功しているとはいえない「我が道を行く」人達ばかりだったのだ。

その人達の音楽を真似したり、目指そうというものではないにしろ、聴いてきて影響を受けてきたのである。

そんな自分達の音楽がポピュラリティを獲得するとは全く思っていなくても不思議ではなかろう。

しかしこの年、元日もそして大晦日も俺達は武道館のステージの上にいたのである。

とにかくいきなり台風の中にポーンと放り出されたようなものだったので、猪突猛進といった感じでいろんな人間がスイートなボイスをかけてきたり、満面笑顔でワッハハハッと肩を叩きながら近づいてきたりしたが、俺達には誰が本当に俺達の事を真面目に理解してくれているのかもわからなかった。

ひっきりなしにやってくるオファーに、もう俺達は考える余裕もなくなっていて、とりあえず知り合いになったケラさんのいるＰという事務所に逃げ込むように入った。

本当はもっとゆっくり考えて、いろんな条件を比較して、人柄を見てというのが正しかったのだろうが、この時の俺達はとにかく、

「誰か処理してくれー。何が何やらわからんわい――――」

状態だったのだ。

とにかくまだデビューもしていない時から、ＣＭは決まる、雑誌のグラビアは決まるで、そのギャラ交渉など相場も何もわからないのだから自分達でできるわけないのだ。

そんな話が毎日のようにふってきていたのだった。

さて、その頃会ったのが、竹中労《たけなかろう》という人であった。

ザワザワと集まって正体が掴めないマスコミ関係者の中で、唯一実体も知れ、また「たま」を冷

静に見て評価してくれた人だったのだ。

実はその時俺はテレビとかをほとんど観ていなかったので名前ぐらいしか知らなかったのだが、硬派ジャーナリストとして、また鋭い論客として様々なメディアで長年にわたって活躍していた人だったのだ。

竹中さんにはいくつかの専門分野があったが、そのひとつが「芸能」だった。

そして基本的に竹中さんは三つの芸能しか認めていなかった。美空《みそら》ひばり、ビートルズ、沖縄音楽である。それが四つになったという。すなわちその四つめが「たま」だと言うのだ。

俺達はあまりの評価に、

（いくらなんでも、いや、嬉しいんですけどそれは買い被りでしょう……）

と正直思っていた。

しかし竹中さんは、

「いや、君達こそ本物だ。硬派でならして数十年『芸能』を観てきた俺が言うのだ。俺の目が狂っているというのか！　君達こそ『芸能』の原点だ！」

俺達は面映《おもは》ゆさを超えて、何を言っていいかもわからなかった。そして、竹中さんは言った。

「俺は癌で余命一年だ。最期に『たま』の本を書く！」

　これには吃驚《びっくり》した。いっ、いや俺達なんかのために大事な余命を使わないで下せえ〜、と思ったが口にすることはさすがにできなかった。

　ちなみに本当に竹中さんにとって『「たま」の本』という本が最期の本になってしまったのだ……。

　とにかく余命という期限がはっきりしているので、『「たま」の本』の取材はいつもだいたい極限状態で行われた。神戸から福岡に移動という時など、わざと新幹線も飛行機も使わず、船で移動し、強引に時間を作ってほとんど寝ずにインタビューを受けたりした。そして竹中さんの横には常に医者とナースがぴったり張り付いて容態の確認をしながらそれは行われた。

　まさに命をはっての取材だった。

　竹中さんと言えば世間的には「怖い」イメージがあるらしいのだが、こちらに予備知識がなかったせいか、俺達の前では終始ニコニコした、好々爺のイメージだった。

　今でも地方などで年輩の人に話しかけられることがある。

「竹中さんはどんな人でした？」

　ある種の文化人の人達にはカリスマ的存在であったのだ。

　しかしもう少し時間があれば、プライベートの付き合いもでき、もっといろんな話も聞けたろうが、実質的にインタビュー等の時間だけでタイムアップになってしまったのは、本当に残念だった。

最後に俺達が竹中さんに会ったのは沖縄のホテルだった。

竹中さんの体は病気のせいで、とてもとても小さくなっていた。

九〇年五月五日、「さよなら人類／らんちう」でメジャーデビュー。オリコンチャート初登場一位。新人が初登場で一位を獲得するのは十六年ぶりだか十八年ぶりだかと言われた。

が、正直そんなに強い感慨は実はなかった。

その前からすでにテレビにもたくさん出ていたし、騒がれ方も異常だったので、嫌な言い方に聞こえるかもしれないが「そういうこともあるでしょーな」という感じだった。

また、ＮＨＫに歌で出演するには、ＮＨＫのオーディションというのがあり、それに通らないといくらメジャーで大ヒットを飛ばしていても歌を流せない、という決まりがあるのだが、そのオーディションを受ける前に俺達はあるＮＨＫの番組で歌を披露したことがあった。

何故それが出来たのか？

それは番組が「音楽番組」ではなく「報道番組」だったからである。

つまり歌云々《うんぬん》の前に「たま現象」という言葉の社会現象だったのである。俺達は社会的なニュース扱いだったのである。

それは何も俺達というより世間的に「バンドブーム」と言われる時代で、いつのまにかその「バンドブーム」の代表、寵児《ちょうじ》として神輿《みこし》の上にエッホエッホと祭り上げられてしまったのだった。

なのでよく取材でも、

「現在のバンドブームについて、どう思われますか？」

というような質問が必ずあった。

それについて、残念ながら俺達はいつも歯切れの悪い返答しか出来なかった。

なぜなら、そもそも「たま」はバンドブームだからバンドを作ったわけではなかったからだ。すでに「たま」結成後、六年も経っていたのだし。

さらに「バンドやろうぜ！」という感じの雑誌も盛んに創刊されたりしたが、そもそもの「たま」の出来方を読んでもらったのでわかると思うが、元々ソロで活動していた面々が、なんとなくバンドになってしまったのである。だから「バンドやろうぜ！」なんてノリではもちろんなかったし、バンドブームと言われてもむしろ困惑した。ブームだからバンドをやっているのか、と思われるのは少なくとも俺としてはあまりいい気持ちがしなかったのが本音だったからだ。

とにかくその頃メンバー同士で常に確認していたのは、

「こんなことは一過性のものなんだから、流されずにちゃんと自分でいよう」

ということであった。

それでも船はかなりの濁流の中に放り込まれていたので、舵を取るのも必死だったのだが。

ある音楽番組に出演するため、俺達はテレビ局を訪れた。

打ち合わせの時、いきなり言われた言葉が、

「本当に演奏するんですか？」

「？」と一瞬理解不能の状態に陥った。

（何をこの人は言ってるんだ？　そのために今日ここに来たんじゃないか）

そして番組が始まって、すぐにその言葉の真意が氷解した。

つまり本当に演奏していたのは、おそらく「たま」だけだったのだ。

あるバンドが演奏を始めた。

しかし、ギターやベースのシールド（コード）はどこにも繋がっていないのだ。

だがドラムだけはどうしても音が出てしまう。

曲とは全くズレたリズムのドラムの音が会場に鳴り響く……。

でもトークコーナーで待つ俺達の横にあるモニターには、そのズレたリズムのドラムとは全く違う、抜群に上手い演奏が流れていた。もちろんお茶の間にもこの音が流れているのだ。

その時はでも、せめてボーカルだけはちゃんと歌っていると思ったが、よく考えてみると、後ろのリズムのズレたドラムの音だって少しはマイクが拾ってしまうはずだ。

ということは……。

次に、ピアノ一台に合わせて歌手が歌う、という曲があった。

モニターからはシンプルなピアノに合わせてしんみりとした演奏。

しかし、目の前のピアノからは、何の音も出ていない……。

こんなこともあった。やはり生放送で演奏していたら、突如知久君のギターの音が出なくなったのだ。咄嗟《とっさ》に知久君は、自分のボーカルのマイクに少しでもギターの音を入れようとしたため、なんか凄い猫背の奇妙な格好で演奏するはめになってしまった。

その後、

「受け狙いであんな変な格好で演奏したの？」

とかまで人に言われてしまった。

しかし通常のライブでさえ、機材のトラブルで楽器の音が出なくなったり、ハウリングを起こす(急にキーンという大きな音が鳴る)、なんてのは日常茶飯事だ。なおかつそれにテレビの場合は放送のためのコードが増えるのだから、よりトラブルが起こる可能性は強くなるわけだ。

なのに、なぜ他の人達にはそういうトラブルがほぼ起こらないのだろー。

よーく考えてみよう。

俺は例えば、激しく踊りながら歌うアイドルグループなどは、いわゆる「口パク」で全然かまわないと思う。というか実際やってみればわかるが、バク転とかした直後に普通に息も切らさず歌を歌うなんてまず無理だし、一瞬ならともかく丸々一曲となると、どうしたっていくら若いとは言ってもゼイゼイした呼吸音が入ってしまうはずだ。

だが、アイドルは「音楽」を売るのではなくて「イメージ」、言い方を変えれば「夢」を売るのが仕事の本筋だと俺は思うのだ。だからそれを壊すようなことはファンも望んでいないと思われるから、別に本当に歌っていなくたってそれは別にかまわないと思う。

ただバンドとかで「音楽の実力」とかで売っている人達がそれをやったら駄目だろー。というか、ばれた時の格好悪さはないだろう。

ま、人にはそれぞれ考えがあるから本人がそれで良し、というなら余計なおせっかいだろーけども。俺はそれは相当格好悪いことだと思うけどなー。


それからアイドルがみんな本当に小さいのに驚いた。特に女子。

たいていクラスで前から三人目まで限定、みたいな感じだった。

そしてイメージというものは怖いよー。

俺と知久君は実際は身長は三センチしか違わない。

ところが俺はとてつもなく巨大な相撲取りのように思われていて、逆に知久君は猫背ということもあるかもしれないが、凄く小さいコロポックルみたいな人だと思われていた。

なので俺は取材やラジオの人に行く先々で、

「石川さん、背、縮みました？」

とよく聞かれた。

フツー背が縮むというのは、そーとー老人になってからだろう。

俺の背は中学二年で止まったまま、伸びても縮んでもいません！

でも傑作な話といったらそれを作った本人には悪いが、知久君は物凄く小さい人だと思われてい

たおかげで、

「知久さんのために一所懸命セーター編みました。着てくれたら嬉しいな……」

というファンレターとともに入っていたのは、

「これ、リカちゃん人形の衣装かなぁ……」

という物ばかりだったのだ。

着たらおそらく、知久君の体、締めつけられて死にます……。


それはともかく、テレビもそうだが、週刊誌とかもひどいことがあった。

「その時『たま』の〇〇はこう言った」

って、おめーのところそもそも取材に来てねーじゃねーか。

取材に来てないのに「こう言った」って……。

また「僕には妻が！　僕には子が！」

とまるで一大スクープのように取り上げられたこともあった。

当時すでに俺とＧさんは結婚しており、Ｇさんには子供もいたが、別に隠していたわけでもなんでもなく、昔からのファンの人はみんな知っていたし、インタビューで聞かれれば、それまででも普通に答えていた。

それがその雑誌は「『たま』の音楽について聞きたい」というようなことでインタビューを受け、音楽についてもかなり時間を割《さ》いて話をしたのだが、雑誌に載ったのは最後に付け足しのふうを装って聞かれたプライベートの質問であり、それが「スクープ」と書かれてしまうのだ。

そしてあれほど時間をかけてインタビューし、こちらも熱心に語った肝心の音楽の事については、ほとんど触れられていなかった。

あと、確かに内容は一応近いのだが、

「僕はあんまり大きなドラムの音とかが苦手だったので……」

が、

「おいどん、ドラムなんて大っ嫌いでごわすっ！」

と全くキャラクターが変えられていたり、一部だけが極端に強調されていたりすることも多々あった。

俺は鹿児島育ちじゃないやいっ！

そうかと思うと、ある新聞の取材など、

「今、『たま』というのがブームらしいから、取材してこい」

と上から言われたのか、年輩の新聞記者が苦虫を噛み潰したような顔で取材場所にやってきて、
第一声が、

「ところであんたたち、何なの？　お笑い？　芸人？」

って、俺達が音楽をやっていることすら下調べしないで平然とそっくり返って、

「仕事だからしょーがなく取材してやってんだよ」

ってな見下したような態度でやってきたりもした。

人を呼びつけておいてそれはないじゃろ〜。ほーいほーい。


なのでいかにマスコミを過信してはいけないかはよーく勉強させてもらった。

まぁ、もちろんこんな取材だけじゃなくて、ほとんどは真面目な取材だったが、音楽誌よりも一般誌の方が取材が多かったというのもこの頃の状況を表している。

ちなみにあの『現代用語の基礎知識』という本にも「たま現象」ということで載ったのだ。

俺達のことが、その時期「基礎知識」として社会人ならば知っていなければならないジョーシキ

ということだったのだ。だから、その頃就職試験を受けた人なぞは「現代を語るキーワード」として、興味が全くなくても、歴史の年号を覚えるように「『たま』……きのこ頭とランニング」などと丸暗記した人も現実にいるかもしれないのだ。

うははは〜、すまんのー！

さて、シングルに引き続きアルバムを出す話も当然あり、俺達は「アレンジ作業のために合宿させてくれ！」と言い、五日間ほど千葉の海辺の音楽スタジオ付きのホテルに合宿した。

そこで俺達が実際したことは、昼間っからグーグー寝ることだけだった。

何せ全員、精神的にも肉体的にも疲労困憊していたのだ。

見張りスタッフは会社に入りたてのまだ若い現場マネージャーだけだったので、

「なんかやったらどうでしゅか？」

とか多少は言ってきたが、そこはこちらが年上である。

「まぁまぁ、W君。ゆっくり休息しないといいアレンジも思いつかない、ってもんだよ」

「そんなものでしゅか……」

と丸めこむぐらいはお手のものだった。

ちなみに最初のシングルが出た一週間のスケジュールはこんな感じだった。

五月五日　昼・取材　夕方〜深夜・『「たま」の本』取材　深夜〜翌朝・レコーディング
六日　朝・寝ずに神戸へ移動　夕方・ラジオ　夜・ライブ　深夜・取材
七日　朝・テレビ　昼・ラジオ四本、取材　夜〜深夜　船上にて『「たま」の本』取材
八日　朝・小倉着福岡へ移動・キャンペーン　昼・ラジオ二本、六誌合同取材　夜・ライブ
深夜・『「たま」の本』取材　翌朝まで各自雑誌原稿執筆
九日　朝・ラジオ　昼・テレビ　夕方・ラジオ　夜・広島へ移動
十日　朝・テレビ　昼〜夕方　ラジオ三本　夜　ライブ
十一日　朝・大阪移動　昼・ラジオ　夜・ライブ　深夜・ラジオ

こんなことを続けていたら、創作どころではなく、単に消耗し、そして消費されてポイと神田川にでも捨てられるのがオチだと思ったのだ。

でも忙しい中での秘密のグータラ。これはかなり快楽度高かったですな〜。ホホホ。

ちなみにW君で思い出した。

この時はメンバーにはいつもＷ君がついていたのだけど、彼がちょっと変わっていたのだ。

夜になると、寒いので毛布を身に纏い、ずーっと合宿所の前の道に座りこんで空を眺めているのだ。

「何見てるの？」

と聞くと、

「ＵＦＯでしゅ」

と答える。

「あっ、ほら石川さん、あそこ、あそこっ！」

言われた方を見ると、明らかに飛行機が飛んでいる。

「あれ……ただの飛行機じゃん」

とキッとこちらを向いて、

「飛行機型のＵＦＯなんでしゅ！」

「…………」

さらに眺めていると、また、

「あっ、石川さん、あれは間違いないでしゅ！」

「えっ⁉　どこどこ？」

しかし夜空には星しか見えない。流れ星すら見えない。

「えっ？　わからないんでしゅか？　あのちょっと大きめな星の右側でしゅよー」

「……俺には普通の星にしか見えないけどなぁ。動いてる？」

「動かないＵＦＯなんでしゅ‼」

「…………」

俺は静かにその場を離れていった。

酒のつまみを買い出しに行った時も、

「今日は僕が運転するでしゅ」

というのでまかせたが、どうも運転がおぼつかない。

「あっ、そこじゃない。ちょっとバックして、右の小道に入って」

すると、きっとこちらを見るや、

「駄目でしゅ！」

「えっ、何で？」

と聞くと、

「僕は運転は直進派なんでしゅ！」

「…………」

それからこの合宿の時ではないが、地方であるライブが終わったので、

「W君、みんなで軽く飲みに行くけど、行かない？」

「駄目でしゅ！　僕はこれからまだ事務仕事がたまっているんでしゅから。みなさんのように僕は暇じゃないんでしゅよっ！」

というと、足早にホテルに戻っていってしまった。

翌朝、ホテルをチェックアウトし出ようとしたらホテルの人が走ってきた。

「すいません、W様……」

「んっ？　なんでしゅか？」

「あのー、お部屋代の方は前払いでいただいておりますが、夜中に御覧になられた有料ビデオの方は個人払いとなっておりますので……」

「…………」

でもこんなＷ君の存在は、逆にその頃のキチキチした状態の俺には、なんか和《なご》みになっていたのは確かだった。空港の前で荷物を全部バラまいて飛行機ピューンと行っちゃったこともあったけど、あれも大きな意味でノー・プロブレムだったよ。俺はＷ君のドジさに、笑わせてもらって精神的に楽だったことも多かった。皮肉とかじゃなくて、本当にありがとう、Ｗ君！

さて、大晦日はレコード大賞の新人賞受賞のため武道館へ、それから紅白出演のためＮＨＫホールへ。実は紅白も当選確実が出た時「ちょっとめんどくさいな～」みたいなことをメンバーがスタッフに洩らしたら、目をひんむかれて驚かれ、とんでもないという感じで、さらに、レコード会社の担当の人には、

「レコード大賞から紅白へ車を走らせるというのは、担当にとって最大の夢なんだ。頼む！」

とまで懇願され、

「まー、普通の音楽番組に出ると思えばいいか～」

と思って出た。驕《おご》っていると思われるかもしれないが、本当に「権威的なもの」が基本的にメンバーは好きではなかったのだ。

ただし紅白出演はその後、地方に行けば行くほどひとつの「勲章」のような感じでライブがやりやすくなった事はあるかもしれない。

で、俺達の興味はもっぱらその頃話に聞いていた、

「武道館からＮＨＫまでは信号が全部青になる」

という噂の真相であった。

つまり、レコード大賞も紅白も生番組で、レコード大賞の番組が終了して十分だか十五分だかで紅白のステージに立たなければならないので、それに間に合わせるために、警察が特別に信号を全て青にしてくれる、という噂であった。

結果は、半分は本当で半分は嘘であった。

というのはハイヤーの運転手さんに聞いたところ、確かにそういう信号操作は多少してくれるそうなのである。

ただし、それはあくまで「車がスムーズに走った場合、すべて青の状態で走れる」ということなので、途中に別の車が割り込んできたりした場合、その計算が狂い、そこまでの調節はできないようであった。事実、ほとんどは青で行けたが、一ヵ所か二ヵ所はひっかかった。

紅白については、正直「慌ただしかったな」ということぐらいしか覚えていない。

ただ、俺達の前の出演が「ピンク・レディー・ヒット曲メドレー」で、メドレーの間、客席から見るとスモークがたかれ、次々と歌いながら衣装も着替えていくのだが、次の出番で真後ろにいた俺達にだけはその着替えが丸見えだった、ということだけは言っておこう。ウッシッシ！　役得、役得。

そして告白すると、自分達の出番が比較的早くて、エンディングまで特に出るシーンがなかったので、実はメンバーはこっそりＮＨＫを抜け出して、ちょうど渋谷でやっていた知り合いの劇団の芝居公演を観に行っていたのだ。

世間の人達はまさか紅白に出てる人が、実はその時間、芝居見学をしているとは夢にも思っていなかったろう。

そして何食わぬ顔で舞台に戻るや、俺達はエンディングではニコニコと手を振っていたのだった。

そんな一九九〇年だった。

第六章

恐怖の海外レコーディング

さて、ほんの数年前まで公民館の一室にカセットレコーダーを一台だけ置いて、その周りを囲んで「せーの！」で全員で音を出していた俺達のレコーディング作業も、あっという間に様変わりしたのだった。

最初のアルバム『さんだる』は喧噪《けんそう》の中で東京で作ったが、どうしても他の仕事が合間合間に入り集中力が途切れるので、できたらまとめてレコーディング期間を設けて、その間はそれに専念したいという希望を出し、その結果二枚目『ひるね』、三枚目『きゃべつ』は外国での録音となった。

これは時代がまさにバブル期だったからできたことでもあるが、逆に言えばバブル期だからこそ日本を出たとも言える。なぜかというと、バブルで値段が高騰し、ちょっといいスタジオとかだと一日五十万近くの使用料がかかる、というのだ。これにはさすがの俺達も「ヒエ〜」となって、いきなり無言で前方回転やカエル倒立やラジオ体操第二をオイチニッサンシーと始めてしまったぐらいだ。

だいたい平均的には一枚のアルバムを作るのに、録音・ＭＩＸ作業等を入れると一ヵ月前後のスタジオ作業というのがメジャーでの相場らしかったが、ということはスタジオ代だけで千五百万円。これなら外国のいいスタジオを借りて、そこの渡航・宿泊費等考えてもむしろそちらの方が安いということがわかったのだ。

俺は個人的にも旅行好きだったので「外国に行ける」というだけでウッシッシ〜のアッハッハ〜のオッヒョッヒョッ〜なのが本音だったのだが。

ただ、その時は自分達があんな恐ろしい目にあおうとは、露ほども知る由もなかったのだが……。

渡航先はイギリスとフランスに決まった。

イギリスはオックスフォード郊外の「マナースタジオ」というところだった。

ちなみに、タクシーに乗って「マナースタジオ」と言っても通じないぞ。英語の本場エゲレスなので、「マヌアーステューデュオス」と顔をクチャクチャに往年の「クシャおじさん」の様に歪めながら舌を血だらけにして発音しないとわかってもらえないぞ。

ま、クシャおじさんのことはどうでもいい。

とにかくそこに到着した時、誰もが「オオーッ」と唸った。

特に同行した俺の妻の目は突如普段の五倍ほどにも大きくなり、目の中にはお星様がやたらめったら輝いていた。つまり、完全に少女漫画の主人公に一瞬にしてなりきっていたのだ。

それほど「夢に見た理想の貴族の館」そのもの、だったのだ。

古い中世の館をそのまま使った建物がホテルで、そこかしこに美しい花が咲き乱れていた。

離れの石造りの建物は中がスタジオに改造されていたが、風情があった。

そしてよく手入れされた庭は、代々木公園ほどもあるのか、見渡す限りの芝生や森や池を含み、すべてがこのスタジオの所有地だという。

その遥か彼方から白馬の王子様が白い歯をキラリと光らせながら、

「お嬢さん達、僕と一緒に森にでも遊びに行かないかい？」

とパカランパカランと走り出てきても全くおかしくない光景だった。

大きなおとなしい犬が出迎え、すぐにさり気なく重厚な装飾物や家具が置かれた部屋で、スコーンと紅茶が上品なティーセットで振る舞われた。

ハッ、と振り返ると妻の目は先ほどの五倍から十倍になっていた。顔の半分強だ。

「すっ、素敵……」

男まさりの妻からこの言葉を聞いたのは、結婚後初めてであった……。

さてしかし世の常として明があれば暗もある。善があれば悪もある。吉野家があれば松屋もある。

ということで、この古い建物も夜になるや、恐ろしい「恐怖の館」へと変身したのだった。

まず最初の異変には妻が気づいた。

俺達が離れでレコーディングしている夜も十時を過ぎ、妻はベッドに寝転びながらうとうとしていたのだが、突然耳元で「ハァッ、ハァッ」という男の声。

「んっ？」

と振り返ると耳元ではなく、窓の向こうに気弱そうな男が顔を覗かせていた。

咄嗟に痴漢と判断した妻は、日本語で、

「何よっ！」

と大声をあげると、男は困ったような顔をして下に降りていった。

そう、ここは二階なのだ。しかも古い建物なので現代の建物の三階にも匹敵する高さだ。

そこへちょうど俺がレコーディングを終えてヘラ～と帰ってきた。と、すぐに妻は、

「ダンナ～（俺の愛称。友人達からもそう呼ばれてる）、ひどいんだよ。今、痴漢が覗いてたんだよ～」

「えー、まじかよー」

と言いながら俺も窓の外を見る。すると確かに男が下で向こうを向いて何事かブツブツ言いながら立っているのが見えた。

「確かに人がいるねぇ。でもなんか痴漢のような感じには見えないけど……」

「何か工事かなんかの人だったのかな？」

「こんな夜中に？　あぁ、でもそういえばそんな雰囲気だね」

「じゃ、私、大声出して悪いことしちゃったかなぁ。カーテン閉めてなかったのが悪かったかもしれないし」

「そうだねぇ……んっ？　待てよ。窓から覗いてた、って言ってたよねえ」

その途端急に俺にブルッと震えがきた。そしてもう一度窓の下を見てみると、もう誰もいない。

「あっ、あのさあ……」

「んっ？」

「ここテラスないよねぇ。ってことは……」

「あれっ!?　そうだ。どうやって登ってきたんだろう!?」

「長い梯子でも使わない限り、窓から覗くの無理だよね……」

「ちょっ、ちょっ、ちょっと待って。そんなもの立て掛けている物音も時間もなかったよ。ってことは……」

　そして俺達は気づいた。この窓の向こう側がちょうど、ホラー映画にいかにも出てきそうな、墓石も倒れたままの、朽ち果てた無人の教会だったことを……。

次の朝この話をした時、急にホテルのマネージャーの顔色がサッと変わった。

「人が居たって⁉　それはあり得ない！」

そう、ここは世界じゅうから有名アーティストがレコーディングに訪れるため、見た目は古いが実は最新のセキュリティシステムが導入されていて、知らない人間は何人たりとも入り込めないように、赤外線とかで監視されていたのだった。

そして普段は大人しく寝そべっているだけの大きな犬も、実は他所者《よそもの》が侵入したと判断するとすぐに反応する優秀な犬だったのだ。

早速、うちの夫婦の部屋の下あたりを犬に嗅《か》がせてみたが、全く反応はない。もちろんセキュリティシステムにも何も異常はない。

ということは俺達が見たのは、少なくとも生きた人間ではない、ということだ……。

しかし事件はそれだけでは終わらなかった。

ちょうどやはりイギリスに遊びに来ていた妻の妹が、俺達の部屋に一泊していったのだが、朝起きると、目を真っ赤にさせている。

「どうしたの？」

「一睡もできなかった」

「何で⁉」

「みんなには聞こえなかったの？　夜中じゅう耳元で延々苦しそうな唸り声がしてたじゃないのっ‼」


鈍感な俺達夫婦には何も聞こえなかった……。

でもやはり「耳元で呻《うめ》き声」なのだ。

義妹は本当はもう何泊かしていく予定だったが、とてもここにはいられないと言って、その日のうちに予定を変更して帰っていってしまった。


しかし事件はそれだけでは終わらなかった。

決定的なことが起きてしまったのだ。

たぶん霊達は自分の存在をわかってもらおうと必死だったのだと思う。

ところがうちの夫婦があまり怖がりもせず、グータラ～のフニャフニャ～のヘラヘラのビヨヨヨヨ～ンとしていたので、遂に業を煮やしたのだろう。

ある日の昼間、夫婦で外出から帰ってくると、なんと部屋の壁じゅうがクレヨンで滅茶苦茶に落書きされていたのだ。

確かに部屋にクレヨンは置いていたが、蓋も閉じたままだ。

しかもその描き位置からして、子供の視線のあたりにびっしりと描かれている。

このホテルで子供と言えば、Gさんが連れてきた長女ぐらいしかいないが、まだ二、三歳で常にお母さんが横についているから、人の部屋に入って壁じゅうに落書きをする、などということは考えられなかった。

ちなみに割と霊感の強いスタッフのひとりは、この光景を見た途端、あまりの霊力に吐きそうになったという。

ホテルのスタッフが慌てて落書きを消していた。

しかし事件はそれだけでは終わらなかった。

そのホテルは二階が宿泊部屋になっていて、一階は長いテーブルのある食事場所だったり、スヌーカー（ビリヤードみたいなもの）室だったり、ピアノ室だったり、テレビ室だったりと共有のゆったりとしたスペースだったのだ。

そこでは夜毎、レコーディングが終わるとメンバーやスタッフ達はビールなど飲みつつ、カードをやって遊んでいたりしたのだ。

ある時は、俺が汚い手で大逆転であがって、みんなむかっ腹を立てて、

「もう、石川さんとは一生遊ばねぇっ‼」

とか言われたりしていた。おひおひ、小学生じゃないんだからそんなに怒るなよ〜。

で、そんなことはいいのだが、先ほどのGさんの娘がある時、真っ暗なピアノ室にひとりでちょこちょこ入っていったりした。

夜で電気も灯いていなかったので、

「ほらほら、そんな誰もいない真っ暗な部屋なんかでウロチョロしていると、頭とかぶつけるわよ」

とお母さんが窘《たしな》めていた。

すると、娘からニコニコしながら返って来た言葉は、

「お兄ちゃんや、お姉ちゃんがいっぱいだよっ‼」

もちろんまだ大人に嘘をついてからかうような年ではない。

……見えたのだ。

彼女には、たくさんの大人達がピアノを囲んでパーティを開いているのが。

大人の俺達には全く何も見えない真っ暗なピアノ室でそれが行われているのが。

俺達は、一様に黙ってしまった。


しかし事件はそれだけでは終わらなかった……。

ある夜、スタッフがふたり、物凄い勢いで二階からメンバーがいる一階に、

「うわ――――っ‼」

と叫びながら階段をズダダダッと降りてきた。

「オキョ、オキョ、オキョーッ！」

「はっ⁉　お喜代⁉」

「オキョーッ！　お経が誰もいない天井裏から聞こえてきたんだよっ‼」

「お経？　……日本語の⁉」

「そう、日本語のお経！」

「そんな馬鹿な……」

俺達も凍りついた。しかもそのスタッフはふたりともどちらかというと冷静なタイプなのに、そ

んな彼らが取り乱しているのだ。

だがその疑問はホテルのスタッフによって氷解した。

実は二階の上に特殊な場所からしか上れない屋根裏部屋があり、そこに管理人が住んでいたのだ。

そしてその管理人は日本の某宗教の熱心な信者で、本当にお経をあげていたのだった……。


しかし事件はそれだけでは終わらなかった。

ある真夜中、真っ暗なリビングのソファーに人の気配がした。

「こんな時間に？　真っ暗な部屋に人が⁉」

みんなをこっそり呼んで来た。

「ふたりいない？」

「いるいる！」

「しかもふたりとも男だよね……男の霊？」

しかし良く見ると、それはゲイの現地スタッフが、リビングの暗がりで静かにウフフフとイチャついているだけだった……。

と、恐怖話がだんだん馬鹿話になってきたのでこの辺でやめておこっと。

だがどれも事実には変わりない。

本当に数百年前に建てられた建物で、尚かつ裏が崩れかけた教会ということで、あまり幽霊関係に関心が強くない俺でも、この体験は「う～む」と唸らざるを得なかった。

でもそんなに強い「怨念」みたいな気はしなかったので、ただ、

「おーい、俺達もいるんだよ～！」

ということを教えたかっただけの気がするが……。

本当に、謎の屋敷だった。

フランスは南部にあるトゥールーズという石畳の古い町でレコーディングをしたのだが、スタジオ自体は郊外の新興住宅地にある新しい施設で、イギリスのような怖い目にはあわなかった。

スタジオに併設したホテルには部屋の中に安っぽいバーカウンターみたいな場所があり、いつも夜レコーディングを終えると、妻と「バーごっこ」をして遊んだ。

「ママさん、今日も一段と綺麗だねぇ」

「まー、コーさんったら！　フフフッ」

とか馬鹿丸出し夫婦であった。

ちなみに近くのスーパーに行ったらワインが水より安くて、

「こりゃいいや〜」

とふたりでニッコニコしてカゴの中に入れると、たまたま横に来ていた現地のスタッフに、

「そのワインはホームレスの飲むワインよ……」

と静かに言われたりしたが。


しかし、フランス人はこう言っちゃなんだが、仕事しねぇ〜。でもプライドは高ぇ〜。

実は日本とラジオの生中継でフランスのレコーディングスタジオから生演奏をお届けする、という企画があり、時間差の関係で朝の五時頃には叩き起こされて、寝惚《ねぼ》けまなこながらも、演奏のスタンバイをして待っていた。

ところが放送がもうすぐ始まるというのに、日本との回線が繋がらないという。

結局原因不明のまま番組開始時間になり、仕方なく「電話インタビュー」にすり替え、演奏は行えずCDを流すだけという、なんだか間抜けなものとなった。

後日、あくまで噂ではあるが原因がわかったという。この中継はトゥールーズからいったんパリ

に演奏が回線で送られ、そこから東京へと送る手はずになっていたのだ。ところが、その中継地点のパリの担当がグースカ鼻チョーチンで寝坊していたというのだっ！

起きたら番組は終わっていたという。

つまりその時間、中継の放送局にダーレモいなかったらしいのだ。それじゃ、繋がらんわな。

「郷に入れば郷に従え」と言うが日本では考えられないミスだ。この程度の事は、フランスではノー・プロブレムなのか？

レコーディングにおいてもフランス人のルーズさは同様だった。

現地アシスタントはふたりいたのだが、何か用事がある時は呼べば来るが、それ以外はほとんどロビーでＭＴＶ観たり、お喋りしてゲラゲラ笑っているだけだった。

ある夜こちらのスタッフが、

「この楽譜をコピーしてくれ」

と言ったところ、

「いや、コピー機は社長室にしかなく、社長は夕方帰ってしまったので今はコピーできない」

と言うので、

「それは困るな。今すぐ必要なんだ」

と言うとしばらく考えてから、

「……ウイッ！」

と言うと紙を受け取り、コピーを取ってきた。コピーを取るだけなのにやけに時間がかかるな〜と思ったが、合鍵でも探していたんだろうと気にも留めなかった。

しかし、問題は次の日に起きた。

なんと彼は昨日コピーを取るのに、社長室のドアを蹴破って全てを破壊してコピーを取ってきたことが判明したのだ。おめーはシュワルツェネッガーか！

社長は当然烈火の如く怒ったが、そこで労働争議が起きてしまったのだ。

コピー機が時間外に使えないだけじゃなく、女子社員が、

「社長はケチすぎるのよっ！　だいたいねー、あたしの使ったホチキスの針の数までネチネチ数えるのは、どういうわけっ！」

とか言いだし、他の社員も次々と機に乗じて社長に不満をぶちまけ、一大騒動になってしまったのだ。

が、ちょうどこちらはレコーディングも終了したので、

「オ、オラ知らね～」

とそのままスタジオを出てきてしまった。

今でもそのスタジオがあるかどうかはおーいに疑問だ。


しかし初めての「たま」での海外は愉快だった。

特に知久君など、飛行機に乗るため日本のイミグレーションを通る時は、なんと顔パス。

係員はパスポートを見ることもなく、ニコニコと、

「いってらっしゃいませ！」

そう、それだけ日本人なら知らない人はいない「国民的な顔」だったのだ。

それがロンドンに着いた途端、大逆転。

イミグレーションの係員は知久君の異様な髪型、異様な服装、異様なリュック姿、異様な下駄等を見て目をひんむき、もちろん入念に荷物チェックもされて、他の人の三倍は時間をかけて徹底的に調べられていた。

そしてロンドンで今でいう「クラブ」みたいな所にライブが行われると勘違いして入った時はもっとひどかった。

俺とか妻とかは全くノーチェックだったが、知久君はやはりリュックを開けて調べられていた。と、そこにファンの人から貰った「喉に効く漢方です。知久さんよかったら使って下さい！」という感じの、顆粒状のにんにく粒が出てきたのだ。

これは端《はた》から見たら何かヤバイモノに見えないこともない。で、ガードマンのごつい黒人のオッサンに、その粉末を眼前に突き付けられ、

「お前、これはなんなんだっ‼」

とさも犯人扱い。もちろん英語でもなんと説明してよいかわからず、知久君しどろもどろ。

三日ほどオフを貰って、スペインのマドリッドにも行った。

ピカソの作品「ゲルニカ」などを見たり、つかの間の休息を取った。

柳ちゃんは俺と同じB型の「モード派」なので、「さり気なくスペインを歩く僕」に酔って、ちょっと気取って歩いているところを、偶然ホテルの近くを妻と散歩している時にみかけた。柳ちゃんは、

「オスッ！」

という感じで、いかにも町歩きの地元の人っぽく手を振ったあと、さり気なく俺達に聞いてきた。

「ところで、ホテルってこっちだよね〜」

その彼の進行方向は、完全にホテルと逆方向だった。

気取って歩いてさり気ないふりをしているのだが、実は完全に道を見失い、頭の中で冷や汗だらだらだったのだ。

「いや……ホテルこっちだよ」

と言うと、

「あっ……そ、そうだよね」

と言うとクルリとそこで回転するのはさすがに格好悪いと思ったのか、

「じゃあっ！」

と言って小道にと入っていった。

大回りして待ち合わせ時間に帰ってきた柳ちゃんは、汗だらだらだった。

……かわいいと思った。

第七章

四人はアイドル!?

それからしばらくも、俺達はまるでアイドルのような扱いを受けていたのだ。というか、ある種アイドルそのものだったのだ。

この俺がキャピキャピアイドル雑誌やオシャ～レな女性雑誌に載ったりしている。

写真集が出る。カレンダーが出る。テキ屋のオッチャンが無許可でこっそり作ったメンバーの人形や貯金箱、うちわなどもホールの外で売られている。

ライブにも知久君とすっかり同じ髪型、服装をしている女の子も多かった。

今をときめく釈《しゃく》由美子《ゆみこ》さんが俺のランニング姿をして観に来た事もある、ということを雑誌で読んで、

「えっ⁉　む、む、む、胸はどーなっとるんじゃーいっ‼」

と思ったが、よくよく計算してみるとその頃彼女はまだ小学生であった。

とにかく他のメンバーはわからぬが、

「こんな俺がアイドル扱いになるなんてぇコンコンチキのふざけた話、どうせそー長く続くもんじゃないのはわかってんだから、みんなが誤解しているうちに、せめて滅多に見られないものいろいろ見てやろう～っと」

と俺は思って、この滅多にない状況をなるべく楽しむことにしたのだ。

まぁ、この章の最後ではそんなこと言っていた俺自信が遂にズドドーンと噴火してしまうのだが……。

ＣＭには何本か出たが、印象に残っているのは動物と一緒に温泉に入る、というものだったな〜。

これはもしかして見たことのある人は合成だと思っている人もいるかもしれないが、全くの生の撮影であったのだ。

いろいろな動物が登場して、ほのぼの〜と「動物も人間も皆兄弟」ってな感じのコンセプトだったが、実は現場は結構修羅場であった。

象が別の方を向いてしまったので、タイ人らしき怖い調教師が必死に「ホウッ！　ホウッ！」とかけ声をあげながらビシッ、ビシッと象に鞭を打っている。

それを見て猿は怯えて逃げようと必死。

アライグマに至ってはジョージョー失禁している。

そんな騒ぎに、今度はラクダが歯を剥き出して、唾をブッシャーッと俺達を含む周りじゅうにまき散らしている。一応お湯の中に外からは見えない柵があるからいいようなものの、それがなければ「地球兄弟」どころか「アニマルデスマッチレスリング何が起きるか想像もできないもんね湯」

だったのだ。

そしてシーンは温泉という設定だったが、撮影に長時間かかるのがわかっていたので、実際俺達が入っていたのはぬるま湯。撮影にはやはり数時間かかり段々冷えてくるし、ケモノの臭いがあたりに充満してくるし。

しかし悲劇はそのあと起こったのだ。

シャワーが二基しかなかったのでまず俺とGさんがシャワーを浴び、「ふーっ」とか言いながら休憩所で休んでいると、知久君と柳ちゃんがしばらくして、泣きそうな顔で青ざめながら飛び込んできた。

「シャ、シャワーが途中から水しか出なくなっただーっ」

折しも季節は真冬。

ブルブル震えているふたりは、寒そうなだけじゃなく、ケモノ臭かった……。


テレビ・ラジオとかのトークも基本的にみんな苦手だったな〜。

興が乗るとそこそこ喋れることもあるのだが、疲れていたりすると、途端に四人ともヨダレ以外な〜んも口から出てこなくなってしまうのだ。

普通はバンドとかだと、だいたいリーダーなりのメインの人が受け答えをして、たまに他のメンバーがチャチャを入れるというパターンが多いのだろうが、「たま」はリーダーも「いや……特にいません」だし、ボーカルも全員が取るので、ＤＪの人も誰に振ったらいいかわからず、クルクルと誰が喋るのだろうかと首を振る民芸玩具「首振り人形」のようで可哀想であった。

まぁ録音番組とかなら長めに収録して、誰かが興に乗って喋ったところだけうまく編集で流せばいいのだが、生番組は本当に苦手だったのだ。

みんな、じっくり考えてから答える哲学者タイプなのである。

もしくはみんな「他に三人もいるんだから自分以外の誰かが答えてくれるであろう」という楽観主義者だったのである。

しかしラジオとかは何秒間かの空白時間があると「放送事故」になってしまう。

だから、答えが出なくてもせめて声だけは出そうとしょぼい努力をして、

「ウウム……そおぉ——ですね————」

「えーとぉ、そおれえわあぁ、やっぱりぃぃぃぃ……」

「うひゃひゃひゃひゃっ」

「よっこらしょ、はーどっこいしょ」

で、やっと答えが出て満面の笑顔で首を上げた時にはたいてい、

「ハーイ、この質問は悩ませちゃったようですね！　答えはなしっ！　ということで次の質問で〜す‼」

なんてぇことも多かったのだ。

しかも予定調和的な「がんばります！」とか「応援してくださいねっ！」などと答えるのがみな妙に恥ずかしくて苦手だった傾向もあったので、

「リスナーのみなさんにメッセージをお願いします！」

とか振られても、適当に「ＣＤ聴いてねっ！」とか元気な挨拶をすればいいものを、

「メッセージ、か……」

とまた真剣にムーンと腕組みして考えてしまうようなところもあったのだ。

ある時など、そのＤＪの人が人並み以上にテンポよくいく人だったので、「ウウム」という言葉をこちらが出すまでもなく、質問して０・５秒で返事が返ってこないものは、パッとメンバープロフィールの紙など見てＤＪ本人がどんどん自分で「こうですよね〜」と答えてしまい、一時間くらいの番組で俺達が喋ったのは、ほとんど「こんばんは〜」と「さよーなら〜」だけだった事もあった。

やっぱり俺達そーとー頭の回転が亀なんだな〜。

デビューして最初の三年間で友部正人さんとの合作アルバムも入れるとアルバムだけで五枚出したので、途中にこういうラジオやテレビ、取材などをやりながらツアーもかなりの本数をやった。そして毎日がライブだと頭も混乱してくる。地方とかならまだ「次は札幌か〜」とかちょっとは思うからいいのだけど、東京では例えば渋谷公会堂でやって次の日は道を挟んだＮＨＫホールでやって、その次の日はまた渋谷公会堂に戻るなんて紛らわしい３ｄａｙｓの時は、知久君とかはボーッとしながら別のホールの楽屋に入ろうとしたらガラーンと誰もいないことに気づいて慌てて道を渡って「やべえやべえ」とやってきた事もあった。

また長野の上田という町でやった時は、普段はスタッフと一緒なので問題ないのだけど、その時は前日メンバーだけが知り合いの家に泊まらせてもらった関係で、さてホールに行こうとしたら、メンバーの誰もホールの名前も場所もぜーんぜん知らない。いーかげんなので予定表とかも貰っていたはずなのに、マネージャーまかせでたまたま誰も持っていなかったのだ。

はて困った。

で、適当に当たりをつけて「市民会館」か何かを調べて行ってみると門がかたく閉ざされていて、とてもその日ライブが行われる雰囲気ではない。

「ありゃりゃー」

とかそんなことしているうちにどんどんリハーサルの時間が過ぎていき、

「おいおい、どーすんだよっ！」

「知らねえよっ、どこかポスターとか貼ってねーのか？」

とか言ってキョロキョロしながら車で町を走らせていると、見覚えのある東京からのおっかけのファンの人の姿が。

「助かった！」

すぐさま車を止めるや、

「あの～、えーと、ひとつ質問です。今日僕らどこでライブやるんでしょう？」

と間抜けに聞いて会場にバブバブ連れていってもらったりした。


さて、ここでホールとライブハウスの基本的な違いを教えてしまおう。

まず、ホールはイベント等で呼ばれたのでなければ、自主企画ではまず絶対に儲からない仕組みになっているのだ。客席が満員でもやっとトントン、豚二匹。空席があれば赤字。つまりお客さん同様、俺達もお金を払ってライブをしなくてはならなくなるのだ。

なぜなら、照明、音響、警備などのスタッフが大勢必要で人件費も膨大になり、地方ならもちろん交通費・宿泊費もその人数分かかる。機材等もすべてレンタル料金がかかり、なおかつ会場費などももちろん必要なのだ。さらに大道具などを使用すれば莫大な経費がかかるのだ。

それでは何のためにやるのか？　本当に儲けはないのか？

やる理由の最も大きいことは、実はＣＤの販売促進のプロモーションと「ホールでツアーが出来るバンドでっせ～、売れてまっせ～、ＣＭとかどないでっしゃろ」という外部への商業的アプローチ、ステイタスの確立なのだ。

そして儲けはパンフレット等グッズの販売。これが馬鹿にならない。というか、これでしか直接には儲けは生み出せない。

対するライブハウスは、既に照明・音響等のスタッフや機材はお店に付属しているので、それに対して個別にお金がかかることはまずない。

そして店によってシステムは異なるが、基本的にチャージバックの店がほとんど。例えば入ったお客さんの人数によってチャージの何割かが、バンドにギャラとして支払われるのだ。なのでよっぽど閑《かん》古《こ》鳥《どり》が鳴いてない限り、こちらからの持ち出しはまずない。ただしホールよりキャパシティは当然少ないわけで、つまりはノーリスクだけどローリターンなのだ。

でもまぁ、どちらがメリットが大きいかは所属事務所なりが総合的に判断して考えることだ。ともかくデビューからしばらくは、俺達もホールでのライブが続いたのだ。

でも、俺はやっぱりお金の事を抜きにしてもライブハウスの方が好きだにゃ〜。

もちろんホールにはホールの良さがあって、ゆっくり座って観られるとか、照明効果が面白いとか、大道具で遊べるとかがある。

しかし、基本的にはステージと客席は離れているから「本人がそこにいる」という確認作業が強いケースが多いと思うのだ。

また、音響、照明のタイミング等、自分達以外のスタッフの比重も大きくなり、それはそれで共同作業の面白さがあるのだけども、逆に言えば、

「今日はイマイチのライブだったな〜」

と思ってもアンケートを見ると、

「今日は今まで観た中で最高のライブでしたっ！」

とか、その逆ももちろんあるのだ。そこには音響・照明等のできの効果も大きく、やはりお客さんとの間に距離を感じてしまうことがあるのだ。

　で、俺は顔の表情までハッキリ見えて、本当に同じ空気を共有している感の強いライブハウスがどーもやっぱり好きなのだな〜。

（あ、とはいえホールでのイベントは嫌いだから出ない、と言っているわけじゃありませんよ。俺は面白そうな企画ならもちろん出まっせ〜。呼んでね〜）

　まぁ、これは人それぞれの趣味だから「ライブハウスはその雰囲気からして嫌い」という人だっていて当然なのだが。

　とにかく、へたすりゃ客がステージに上がってメンバーを殴ることだってキスすることだってできる、そんな緊張感が俺は好きなのだ。（あっ、あっ、もちろんそう俺が書いたからって、本当にステージに上がってきて殴るのはもちろん、キスでも困惑するだけだからやめてね。するなら、へ・や・で）。

　さて、話をツアーに戻そう。

　その頃Gさんが麻雀を覚えてしまったということがあったのだ。

　知久君はやらないので、それまでは俺と柳ちゃんがやりたくても二人ではどうにもならなかったのが三人になれば、あとひとりスタッフでも誘えば簡単にできる状況になってしまったのだ。

麻雀をやってきた人ならわかるであろーが、覚えたての頃はとにかく猿のようにやってやってやってやってそれでもまだやってやりまくりたくなるものなのである。

なのでツアーの時などはライブが終わって打ち上げを軽くして、午前零時頃から終夜営業の雀荘を探し、打ちに行くのが日課になってしまったのだ。

最初は、

「明日も移動してライブだから、三時までな〜」

とか言っているのだが、たいてい負けている奴が、

「あと一回！　あと一回だけ、頼むぅぅぅ――――っ！」

とか言っているうちに終わって外に出るともう早出の出勤者などが足早に駅に向かったりしており、

「またやっちまっただ……ホテルいらなかったな……」

ということも多々あったのだ。

今考えると、それでほとんど寝ずにライブではピョンピョン元気よく跳ね回ったりしていたんだから（もっとも跳ねるのはもっぱら俺だけだが）、やっぱり若かったのだな〜。

ある時など、雀荘を探したがどこもない。でもやりたくてしょうがない。

ということで、俺達は頭を捻《ひね》り、いいアイデアを思いついた。

まず柳ちゃんの部屋にみんなでそれぞれの部屋に飾ってある額縁付きの「絵」を持って集合したのだ。

なぜ手に手に「絵」を?

俺達は静かにベッドを持ち上げて壁にもたせかけると部屋を広くし、小さめなテーブルの上に「絵」を四つ並べて毛布をかけ、簡易麻雀卓を作り、そして打ち始めたのであった。

そこまでしてもやりたかったのである。……馬鹿である。

しかしさすがの神様も「いいかげんにしなしゃれっ!」と思ったのか、明け方あたり、「そろそろ終わろうか」と言った途端、突然立てかけてあったベッドがズゴゴゴーッという音とともに倒れ込んできて、あやうく、

「『たま』メンバー謎の圧死。ベッドの下に麻雀牌と四枚の絵とともに」

という記事が週刊誌を賑わすところだった……。

「ひるねでグー」という長いツアーの時は、シンプルなステージが多い俺達には珍しく凝ったセッ

トを使った。

最初は「生活感のあるビルの屋上」というイメージで、洗濯物とかも干してあったり、横の水道の蛇口からはちゃんと水が出て、ライブ中に顔を洗ったりした。

そして途中から「おどろ四連発」というメンバーそれぞれの、とっておきのおどろおどろしい曲が立て続けに演奏されると、後ろの斜幕から巨大なキノコのオブジェが登場し、ガサゴソそれが動き始め、途端に「植物に犯された都市のビルの屋上」になる、というスペクタルものであった。

その頃「たま」と言うと「さよなら人類」や「夕暮れ時のさびしさに」ぐらいしか聞いたことがない人には「コミックバンドもどき」と思われていたところもあったよーな気がする。

で、確かにそういう要素がゼロとは言わないが、それは全く「たま」の一面でしかなく、一度ライブを見てもらえばわかるが曲調もしっとりとしたメロディの曲からポップっぽい馬鹿ソング、郷愁をさそう歌に即興インプロビゼーションから、かなりダークやディープで子供が泣き出しそうな曲まで多彩だったと思うのだ。

なのでデビュー前はよく、

「音楽ジャンルは何ですか？」

と聞かれて答えに窮する事が多かった。

フォークにしては激しすぎる。ロックにいけばアコースティック楽器がほとんどなので、やはり違うと言われる。ポップであっても決して歌謡曲ではない。即興演奏もあるけどジャズとももちろん違う。

なので呼ばれるイベントや共演者も様々であったのだ。

実は「イカ天」に出たもうひとつの理由に、

「似たようなバンドが先に出て『○○みたいなバンドだね』と言われるのはいやだよね」

というのもあったのだ。結局それは全くの杞憂だったのだが。

そーいえばアマチュアの頃、ある過激パンクバンドとイベントで共演したことがあった。その時もそのバンドは演奏中に客と殴り合いの喧嘩をし、救急車まで来る騒ぎになったが、その後に出演した俺達のステージを観て、別に暴力的なことをしているわけでもないのにそのパンクの人達が、

「こいつら、本当に危ねえぜ……」

と囁《ささや》いていたという話も聞いたことがある。

なんなんだ、俺達は？

このツアーの頃は、ライブ後のいわゆる「出待ち」も多く、ハイヤーでメンバーがライブ会場を

出るも、周りは「箱乗り」をしたファンの車でヒャーヒャー言われて囲まれることもあった。こうなると意外に燃えるのが運転手というものである。

「よおがす。撒きやしょう！」

と言うやスピードを上げると、とあるホテルの地下駐車場へ。そしてそのホテルの裏口からまた猛スピードで走り抜け、

「へっへっ。このホテルに入ったと思ったでがしょうなぁ！」

と笑いながら本来のホテルに辿り着くとなんのことはない、もうホテルの情報はどこからかとっくに洩れていて、ファンの人達はゆっくりとロビーで俺達の到着を待っていて、余裕で煙草をふかしたりしていた。

ハイヤーのおっちゃんも「負けた」という顔をして、肩をガックリ落としていた。

急いでチェックインするも、晩飯をちゃんと食っていないのでお腹が背中に完全にくっついて怖いことになっている。しかし飯を食いに行くためには、ファンの写真・サイン攻勢がロビーにはヘイ、カッモーンと待っている。元気な時はいいが、疲れがピークに近い時は、俺は下に降りるのを諦めたこともあった。

そして、俺の夕食はエレベーター脇の自動販売機のピーナッツ三袋だった。ひとりのホテルの部

屋に響き渡るポリポリシャリシャリの音は、ちょっと侘《わび》しいものだったぞい……。

ファンの人にも印象深い人がたくさんいたが、とある雨の日、我が家の前に子供の傘が何十個も並び、

「ランニングの人ここにいますか～。出てきて下さい～」

とやってきたのはかわいかったな。さすがにあまりの人数の多さにびびって出てはいけなかったが……。

またある時はやはりライブ終了後、隠れ家のような飲み屋でメンバーだけで飲んでいた。

と、少し離れた席にいた、三十歳前後の大人のカップルが、こちらにやってきた。

「『たま』の皆さんですよねぇ」

「はい」

「ライブに何回も行かせてもらいました」

「それはありがとうございます」

ところが、何かふたりがモジモジしている。

だいたいはサインを書いてほしいとか写真を撮ってほしいとか握手をしてほしいとかで、たまに

頭を触らせてほしいだとか俺の腹を撫でさせてほしいだとか私に子種を植え付けてほしいだとか鞭で叩いてほしいだとか鞭で叩かせてほしいだとかお金をくださいなので、そんな言葉をかけられるものだと思ったら、彼らの口からは予想しない言葉が出てきた。すなわち、

「恨んだこともありました……」

と暗い顔で言われたのだ。

一瞬俺達は何かの聞き間違いだと思った。

ライブに何度も来ているということは普通に考えてファンということで、それがなんで俺達を恨んでいるのかわからず、ポカンとポカホンタスしてしまった。

「実はこの度、私達結婚することになりまして……」

あ、なんだ、やっぱり聞き間違いだったんだ。

「それはおめでとうございます～！」

しかし相変わらずふたりの顔は暗い。

しばらく躊躇してから、ゆっくりと男の口が開いた。

「実は、ふたりとも家庭を持っていたんです。彼女には子供まで……。でも『たま』のライブ会場で私達は出会ってしまって、そして離れられなくなってしまったんです」

「…………」

「ふたつも家庭を壊してしまった。こんなことになったのもあなた方のせいだ。一時は相当恨んだものです」

「…………」

「……それでは失礼します」

世の中、無意識のうちに知らないところで人の人生を変えてしまっていることもあるんだなぁ、とつくづく思ったのだ。

またこの頃、俗に言う「ヤオイ本」と言われるミニコミ誌も続々出され、俺達自身の手元に回ってきたものもあった。「ヤオイ本」とは言わばアイドルの男同士のホモセクシュアルな様子を描いた「女性の為の自主制作エロ本」である。「山なし、オチなし、意味なし」から「ヤオイ本」と呼ばれているものだ。

耽美な女形の柳ちゃん、呻くＧさん。犯される知久君……。

「好きだったよ、柳ちゃん」

「あぁ……Ｇさん……そこは……僕には知久君が……」

しかし何故か俺だけは、ストーリー漫画の中のお遊びのギャグキャラクターとして、手塚治虫《てづかおさむ》の「ヒョウタンツギ」のような役ばかりだった。

俺も、俺もまぜてくれ〜いっ‼

って嘘だからな。は〜良かったわっ、美少年じゃな・く・っ・て！

……フンッ、なにさっ‼

「たま」はなぜか漫画家の人に、ライブを観に来てくれる人や知り合いが多かった。個人的な付き合いも合わせてざっと思い出してみても、さくらももこさん、吉田戦車《よしだせんしゃ》さん、山上《やまがみ》たつひこさん、おーなり由子《ゆうこ》さん、萩尾望都《はぎおもと》さん、とり・みきさん、故山田花子《やまだはなこ》さん、蛭子能収《えびすよしかず》さん、根本敬《ねもとたかし》さん、しりあがり寿《ことぶき》さん、西原理恵子《さいばらりえこ》さん、花輪和一《はなわかずいち》さん、大竹《おおたけ》サラさん……。

さくらももこさんはデビュー後しばらく「宝島」という雑誌に「たま」の連載ページがあって、そこに「たまのひと」という四コマ漫画を描いてもらったり、ご存じテレビ「ちびまる子ちゃん」のエンディング・テーマ「あっけにとられた時のうた」などもやらせてもらったりした。

吉田戦車さんは彼の作品「ぷりぷり県」をモチーフに架空の県の歌ばかりを入れた『パルテノン銀座通り』というシュールなアルバムも作った。

その中でも「デビューしてよかった！」と最高に嬉しかったのが山上たつひこさんとの出会い。俺達が高校生ぐらいの頃、最も熱中して読んだのが「死刑！」「八丈島のきょん！」等のギャグが一世を風靡した「がきデカ」だった。そしてこの頃、リバイバルでまた「がきデカ」の連載が始まったのだが、なんと主人公の「こまわり君」に「たま」のメンバーがなる、という漫画が掲載されたのだ。最も俺が好きだったキャラクターに自分がなれるとは！

これがある意味、俺のデビューしてからの最高の喜びだったかもしれないな～。ウヒョヒョヒョヒョヒョッ！

ってなことで嬉しいこともあったがはっきりいって、どこに行ってもキャーキャー状態が続いていて、さすがの俺達も少々この状況にうんざりしてきた。

そこで遂に俺が先陣を切ってキレてしまったのだ。

あれは名古屋だったか、デパートの一角に設けられたステージでラジオの公開録音があったのだ。

そしてたぶんその日はそれまでもアイドル的な雑誌の取材等を受け、自分の中で、

「違う！」

と囁く声が繰り返し聞こえていたのだ。

そしてそれにデパートのスピーカーが追い討ちをかけてしまったのだ。

「『さよなら人類』でおなじみの『たま』が本日、○○時に登場致しま〜す。みなさんこぞって○階のステージまでお越し下さ〜い。『紅白』にも出場した人気者の『たま』、『紅白』にも出場した人気者の『たま』、でございま〜す!!」

その時、俺の中のダーク浩ちゃんが、

「違う――――っ!!」

とキリキリと叫び声をあげた。

俺の中のアングラ魂が遂に富士山大噴火を起こしてしまったのだ。

「それでは『たま』の皆さんの登場です。皆さん拍手でお迎え下さい！」

ズゴゴゴゴ――――ッ。

「こん……にちは」

ズズズズババババーッ。

「はーい、今、人気絶好調の『たま』のみなさんで〜す」

ガガガガガ――――ッ。

「それでは、いつも真っ白なランニングでおなじみの彼から、自己紹介をお願いしま〜す！」

ブルブルブルバリバリバリ
バキューンバキューン
ボゴゴゴゴゴ
ブッシャ――――ン!

そこでラジオが生放送でないことを確認し、ラジオでは放送できない単語を羅列してしまった。

俺たちがアイドルやタレントではないことを爆発させてしまったのだ。

……その後のことはもうよく覚えていない。

このことは思った以上に波紋を呼び、次の日のとある新聞の「読者のコーナー」にも、

「『たま』はなっとらん!」

と書かれたりした。

この場を借りて本当にあの時のラジオ局の方にはお詫びします!

タイミングが悪かったのです。

ラジオ局の人は何も悪くないのです。

本当に申し訳ない。

俺の噴火が起きてしまったのです。

どうか、どうか自然災害だと思って勘弁して下さい！

すみませんでした！

この頃はさすがに何かと精神的肉体的に疲れがたまり、家に帰るととにかく妻に一目散に甘えていた（本当のことを言うと、今でも隙さえあればニャオ～ンと甘えてるのだが……）。

その時妻は大きな大きな見渡す限りの野原となり、俺を大の字でグースカ寝かせてくれたのだ。

妻という安息の地がなかったら、もしかして俺は泥だらけの緑色の沼にズブズブとはまって石川五右衛門ならぬ、石川土左衛門になってこの世にはいなかったかもしれない。

第八章

船からひとり降りた

そんな俺の大噴火もあったりして、船もちょっとがたがたと行く先を見失いがちになっていたような気がした。確かにデビュー後二年経ち、わずかな期間に沢山のことを経験させてもらったことには感謝している。おそらく普通では経験できないようなことも。

ランニング姿でテレビ番組のリハーサルをしていたら、森進一《もりしんいち》さんからあのしゃがれ声で、

「寒くないかい？」

と女性ファンなら卒倒するような声をかけてもらったり、五木《いつき》ひろしさんが、背後から肩を揉んでくれたこともあった。

……なかなかフツーに人生送っていたら経験できないことである。

ただ正直に言って俺は「アイドルごっこ」「芸能界ごっこ」にぼちぼち自分の中で違和感を覚えていた。

「宣伝」のためと割り切ろうとしても、物によっては割り切れないものもあった。

たぶんそれは他のメンバーも、個人差はありながらも感じていたことではなかろーか。

そしてこのままいくともしかしたら富士山どころか日本列島大噴火を俺がドガーンドガガガーンと起こし続け、被害者もどんどん増えていってしまう。義援金はどこからも出ないのだ。これはさすがにまずい。まずいでぇ〜。

そしてなんといっても基本的に他人にイメージとかを決められてしまうようなことがどんどん増えている気がしてちょっと怖かったのだ。

そこでグータラな俺達もちょっと危機感を感じ、

「自分達から発信していかないとやばいね」

という話をすることも増え、少々重くなった腰をあげ、素人ながら行動を開始してみることにしたのだ。とりあえず、できることは何でも最低限のスタッフと自分達でやってみようと思ったのである。それが一番フラストレーションがたまらないことだと思ったのだ。

具体的に言うとすなわちそれは会社作り、スタジオ作り（レコーディング）、ライブツアーなどだった。

まずは俺達はちょうど契約更新の時期でもあったので所属事務所を出て、自分達で会社とスタジオを作ることにした。

これは別にその事務所にそれほど不満があったわけではない。

ただ、どうしても間に入る人数が増えるので何かちょっとしたことをやるのでも、こちらがやりたいイメージを伝えても、伝言ゲームのように少しずつ変わっていってしまい、最終的に出来上がったものを見ると、必ずといっていいほど、自分達のイメージとは違うものになってしまうことが多かったのだ。

例えば「さよなら人類」のシングルのジャケットとかも、最初打ち合わせしていたのとはずいぶん違うものになっていて、途中段階のチェックをする時間もなく、あるメンバーなどは、

「発売日を遅らせてでも変えたい」

と申し出たがそれもかなわなかった。

だからこれは別に他の事務所に入っていても同じであったろう。

とにかく間に入る人数が多くなればなる程、特に悪意がなくても変わってしまうのだ。

そして音楽に限らずＣＤのジャケットやら宣伝広告やらの表現に対しても、良い言い方をすれば、俺達は、

「自分達のやりたい表現は曲げたくない」

悪い言い方をすれば、

「わがまま」

だったのだ。

だからここはいっそ、自分達でできることはなるべく自分達でやっちまおーぜ〜、ということに

なったのだ。

肉体的に少々大変でも、精神的にホニャラカサッサと楽しい事を選んだのだ。

その頃は収入もそこそこあったが一応年齢も皆三十近かったので、ちょっとは頭をくるくるくりんと使って、目先の事に惑わされず、将来の自分達の表現活動のために四人で平等にお金を出し合って会社を設立し、武蔵村山に事務所兼スタジオを作ることにしたのだ。

ちなみに会社といえば一応法的にも社長を決めなければならない。

しかしもちろん率先して、

「俺が社長をやったるでえっ！　まっかせなさーい。グワッハッハッハ！」

なんて～豪傑な奴ぁ、誰もいないのは皆さんも先刻ご承知の通り。

そこで、ジャンケンで社長を決めることにしたのだ。

みんなもちろん面倒臭がり屋だから正直やりたがってないのだが、負けた者が社長、というのは縁起が悪いので、

「勝者が社長ねっ！」

ということで「せーのー」でジャンケン。そしてなんと一度の引き分けもなく、一発で勝負は決

まった。

俺、柳ちゃん、知久君の古株は頭どーりにしおしおの「パー」。

そしてGさんだけが高らかにピースサインの「チョキ」。

ここに有限会社たま企画室代表取締役、滝本社長が誕生したのだった。

会社の経営云々のことについては諸々あるのであえて省くが、話は数年後、その頃勤めていた社員が辞め、新しい社員を募集することになった時の言わば「たま企画室への就職」について書こう。ファンの人で「ただでもいいので働かせてください！」みたいな人も大勢いたのだが、そういう人はたいていメンバーの特定の誰かのファンだったりして、何かと逆に問題が起きそうだったので、あえて募集は地元の職業安定所みたいなところにだけ出していた。

面接は別のふたりの社員が行い、俺達メンバーはあえて本棚の向こう側の見えない所に隠れていて、声だけ聞いていた。

と、とんでもない奴が次々と応募してきた。

まず最初に来た男性は、

「それではそこにお座り下さい」

と社員が促すと、

「ちょ、ちょっと待って下さい。歯はどこで磨けますか？」

「はっ？　歯磨きですか？　えーとその流しのところなら……」

「じゃ、まず歯を磨く……」

シャコ　シャコ　シャコ

シャコ　シャコ　シャコ

俺達は笑いを堪《こら》えるので必死だった。

面接に来て、いきなり社員を無視して歯を磨き始める奴がいるか〜‼

次に現れた男性は、ちゃんと椅子に座ってくれた。しかし……

「えーと、自宅から会社まではどのくらい通勤時間がかかりますか？」

「答える必要ない」

「はっ⁉」

「答える必要ない」

おいおーい、ここに喧嘩を売りにきたのか⁉

しかも答えづらいプライベートな家庭の質問とかならまだしも、こちらは通勤時間がどの位かかるか聞いているだけだぞーいっ！

他にも、

「なあんかぁ、業界のぉ、仕事ってえのもぉ、カッコイイかなぁ、とか思ってえ〜」

とかのケーハクを絵に描いたような奴や、逆に真面目すぎて時間が不規則でアバウトなこの仕事は勤まらないだろーな、というケースもあり、人選ひとつでも大変だった。

まぁその他にも実際やってみて会社経営、ってえのは少なくとも俺には合ってないな〜と思った。

「人を雇う」ってことが苦手なんだろーなー。自分の責任さえろくに持てないのに、他人の責任を持つような器量は俺にはなかったんでござーます〜。

Gさんも決して得意な方じゃなかったかもしれないが、他のメンバーが社長だったら、きっと今は亡き陸上のジョイナーの短距離走ぐらいのスピードであっという間にペシャンコに潰れてたな。

よかった、よかった。

さて九四年頃まで、メジャーでオリジナル五枚のアルバムを出してきたところだったが、会社も一応あるわけだし、ここらでひとつCDも自分達で全部作ってみようと思った。

そこで俺達は「地球レコード」というインディーズのレーベルを立ち上げたのだ。

その頃からメジャーとインディーズの垣根も徐々に取り外されてきたこともあった。

昔はメジャーはプロ、インディーズ（自主制作）はアマチュアというハッキリした図式があったが、それは壊れつつあった。この頃からその傾向はあったが、近年はプロでもCDが千枚も出ないこともあれば、インディーズで二百万枚を売るというバンドもあるという。

俺達が立ち上げた九四年前後はまだそこまではっきりはしていなかったし、もちろん宣伝とかは素人なので売り上げとかは若干落ちるかもしれないが、それより何よりインディーズでなければできないことがあったのだ。

それはまず、言葉の問題で出せなかった曲を入れたアルバムを作りたかったのだった。

アルバム名はオリジナルの六枚目なので単純に『そのろく』とした。

バンド結成以来、歌詞ももちろん自由に作ってきたのだが、いわゆる「放送禁止用語」が入っている曲が割合に多く、基本的にメジャーでは発表できなかったのだ。

この「放送禁止用語」というのは法的に決められたものではなく、あくまで各レコード会社、放送局等の「自主規制」なので、どの言葉が駄目、というはっきりした基準があるわけではないので、「この会社では駄目だったが、この会社ではＯＫ」というものもあった。

しかも時代の移り変わりで変わっていくものなので、なかなか難しい。

例えば、古い映画やテレビアニメなどで、突然音声がなくなるのを聞いたことがある人も多いだろう。

アニメの「巨人の星」で主人公の星飛雄馬《ほしひゅうま》が、

「俺の父ちゃんは日本一の……だっ！」

と啖呵《たんか》を切るシーンなどがそれだ。

これなぞは「昔は問題なかったが、今は差別用語」として自主規制がされているものなのだ。

特に近年顕著なのは、身体的特徴と職業の蔑視的な呼び名である。

そこで俺が思うのは、明らかにそういうことを蔑視や馬鹿にした表現を使用しない、というのは当然だと思うし、理解できる。

しかしそういう意識が明らかにないとわかる風景描写のようなものや、貶める意味ではなく自分達もそういう存在である、という言葉まで規制されるのは表現者として少なくとも俺には我慢できなかった。

何故「巨人の星」の「巨人」は良くて、その反対の言葉はなーんとなく誤魔化した表現になるのか？

そこには基本的にその基準を決めている人自体に、差別意識が内包されていると思うのだ。いかんぞいかんぞ。

中には「えっ？　どこが問題なの？」と首を傾げるものもあった。

『ひるね』というアルバムに柳ちゃんが歌詞を書いた「牛小屋」という曲があり、歌詞カードにコーラス部分の「ヨンヨコヨンヨンヨ〜ン」という、ま、一種のかけ合い言葉みたいな特に意味も持たない表現があったのだが、これが歌詞カードを印刷した後、「差別用語」と見なされ、なんとそれまで刷った歌詞カードが全面廃棄処分させられたのだ。

「ヨンヨコヨンヨンヨ〜ン」

このただのノホホンとした言葉がなぜ駄目なのかわかる人ってどのくらいいるのだろう？

もちろんメンバーの誰もわからなかった。

この言葉が駄目な理由を聞くと、こうだった。

「ヨン、というのは数字の四を想起させる。で、数字の四というのは『四つ足』というのを想起させる。この『四つ足』というのは牛や豚などの四つ足の動物のことで、それを捌く業者は昔は身分の低い者が行っていた。つまり身分の低い者を四つと言って侮蔑し、差別していた。よって、この歌詞は差別表現となる」

説明を聞いても、ポカーンと皆ポカホンタスになってしまった。

……そんな謎解きみたいなことがわかるか――!!

同じ「四」では知久君の曲「かなしいずぼん」の「四つの葉っぱ」の歌詞も問題となり、一応「葉っぱ」とはっきり謳っているので何とかなったが「ギリギリだったんだよ」とスタッフに言われた。だからもう少しで「たま」の中でも人気の高いこの曲は、お蔵入りさせられる可能性もあったのだ。

で、真っ当に考えると、

「四なんていうただの数字を屁理屈みたいにして差別用語としてみる、なんて、それこそ逆に差別のいらぬ喚起を起こさせてしまうのではないか?」

となるのが普通であろうと思う。

では、なぜそんなまだるっこしいことまでして表現規制するのか?

社会や大人の事情には、まだまだ奥深いものがあるようだ。

ライブもこの頃から通常のホールやライブハウスに加え「どこでもツアー」というドラえもんの「どこでもドア」をもじったシリーズを始めたのだ。これは俺にはとてもしてやったりの楽しい企画だった。

つまり普段なかなかライブが行われる機会のない山奥の村の公民館とか、また都市でも普段ライブ会場としてあまり使われない場所を選んで全国を回るツアーだった。

例えば、

・最初に仏様に一礼してから始めるお寺の境内。
・前座にお笑い芸人が出る昔ながらの提灯ともる演芸場。
・柱等に一切物が触れてはいけないので搬入搬出に警備員がずっと睨《にら》みをきかせていて大変だった重要文化財の建造物。
・廃館になった海沿いの寒村にある家族経営の映画館。
・昔ながらの桟敷《さじき》席も風流な、松の緞帳《どんちょう》が立派な芝居小屋。
・相撲の土俵のある神社境内。

・港脇の風がピューピュー吹きすさぶ赤黒いレンガ倉庫。
・人の家の庭をずんずん通ってその奥にある酒蔵の木の小さな階段を上がった二階。
・教会付属のみんなスリッパをペタペタ履いて入る養護施設。
・ピチャピチャと天井から水が滴り落ちる道なき洞窟を越えなければ辿り着けない谷間。
・交通手段がなく、一番近いバス停から青年団の人達が小型トラックでお客さんをピストン輸送してくれた清流四万十川の上流水源地。
・子供がかわいくてさすがにダークな曲はできなかった幼稚園。
・花道や隠しトビラを思う存分使わせてくだらない小芝居をさせてもらった由緒ある能楽堂。
・思わずフィーバーした「似合わねぇ〜」ディスコ。
・野菜の腐った臭いがかすかにする大型トラックの荷台。
・名産地の段ボールでできたステージ。etc.……。

これはそれぞれがいわば「巨大な舞台セット」ともいえたのだ。

そして環境が変われば観ているお客さんも、またメンバーもなんとなく気持ちが変わる。

同じ曲でも変に愉快になったり、切ない感じになったりするのだ。

音の響き方、照明の当たり方、そしてその会場ごとに全く変わる雰囲気。まさにホール等では味わえない「一期一会」のライブシリーズであった。

その中で印象に残っているライブをいくつか。

徳島県では、「牧場の干し草倉庫」でやったのだ。

といってもさすがに藁《わら》敷きとかではなく、場所を整理してステージもちゃんと中に鉄骨で組んでやった。出番待ちのステージ裏には「馬が入ってきますのでドアはきちんと閉めて下さい」の貼り紙が貼ってあったのだ。

今考えるとわざと開けておいて演奏中に馬がパカランパカラン会場中を走り回るのも、とんだすっとこどっこいのハプニングで面白かったかもしれんが。ま、怪我人が大勢出てパニックにはなるがな。

さてステージではおなじみ、「さよなら人類」をやった。この曲の間奏はいつもインプロビゼーション、言わばフリー演奏なのだ。そこで俺はリハーサルの時から目をつけていたステージ後ろのイントレ（照明を吊るすために組まれた鉄の骨組み）の上に、その鉄骨をスティックでカンカン鳴らしながら上っていった。上に、上に。下では他のメンバーも即興演奏がノッていて「なんかいい感じだな～」と思った瞬間、フッと何とも言えぬ感触に襲われた。

……足元に何もない。

そう、あると思って歩いていた鉄骨の踏み場が、リハーサルの時は明るくてよく見えたのだが、本番はステージ以外はほとんど照明が当たっていないので、真っ暗な中、足場を完全に踏み外したのだ。

ガラガラガッシャ――――ン！

凄い音とともに俺は数メートルの高さを頭から落下した。

気づいた時には足がなぜかシンクロナイズドスイミングのように天井を向いて開いている自分がいた。

そして咄嗟に思ったことは、

「ステージに帰らなくちゃあ！」

ということであった。

ステージの下の奈落まで落ちていたが、なんとか舞台に這いずり上がった。

この時、我ながら「たま」というバンドが「すげーなー」と思うのは、皮肉ではなく、演奏が止まっていないことなのだ。

ちなみに終了後見てみたところ、俺が落ちた部分の太い鉄骨は俺の首の骨によってグニャリと曲がっていた。つまり相当な衝撃だったのだ。しかしこの「グニャリと曲がった」のは鉄骨ではなく、俺の首の方だった可能性も実は充分に高かったのだ。

だからま～、簡単に言うと、死んじゃってナムアミオダブツバイバイグッバイサラバイでも全くおかしくない状況だったのだね～。

「『たま』のランニング、馬小屋で死ぬ」

というマヌケな記事が新聞の片隅にひっそり載る可能性も高かったのだ。

しかし舞台では柳ちゃんが、

「♪何かが落下しているよ～」

と歌っていた。

俺もまず体の各部をそーっと動かしてみて、どこも骨折とか出血とかしていないことを確かめると、パーカッションに戻りながら、客が引かないように、

「はーい元気ですよー」

というふうにいつもより二割増しで元気そうに踊りながら太鼓を叩きはじめ、

「着いた～！」

と叫ぶところを、

「落ちた〜！」

と変えて演奏を続けた。

ちなみに大きな怪我はしていなかったが、その夜には全身が打ち身でパンパンに腫れ上がり、打ち上げの飲み屋で、

「すいません、氷を……」

と言うと、店員が水割りか何かだと思ってグラスに氷を入れて持ってきたので、

「いや……全身が腫れ上がってるのでそれを冷やす氷を……」

と言って氷を袋詰めにしてもらい、それを全身に当てて「ウウ……」と呻いたのであった。


場所は言えないが、とある島でやった時は正直困った。

その島に着いたものの、何故か一枚のポスターも貼っていないのだ。

「？」

そして会場は結構広い野外ステージだったのだが、大勢来るはずだった地元の青年団のお手伝いの人達がなぜかほとんど誰もおらず、こちらのスタッフだけで細々と準備していたのだ。

と、どうもこっそり後で聞いたところ、島の中の町村の中に「格付け」があって、他所者の俺達

はそんなこと知らないものだから「あまり島内で立場の強くない町」にライブを依頼してしまったらしいのだ。

そしてライブが決定したあと、島内の「格上の町」から、

「うちの町に許可も得ずに何かやるらしいの～‼」

ということになってしまったらしいのだ。

そしてその町はビビッてしまい、結果、来るはずの青年団の人達がお手伝いとしても客としても事実上、誰も来られない状態になってしまったのだ。

で、ライブは決まってしまったので会場は確保されていたものの、島内でライブの宣伝も全くなく、お客さんはほとんど他府県からのいわゆる「おっかけ」の人達だけだったのだ……。

ステージから客席を見ると、お客さんも元々少ないのだが、照明も充分に用意ができなかったのか、誰もいない真っ暗な海に向かって虚空へ歌っているようで、これは違う意味で胸にジンジンしみたライブだったな～。

しかしこの島の一件は島国である日本の縮図とも言えると思うのだ。

利権やつまらないプライドをめぐって、井戸の中で蛙達が争っている。

その中でより日本全国を回った俺が痛切に感じたのが、どんな田舎にもある立派なホールである。

「隣の町が二千人のホール作ったそうだ。こっちも負けちゃおれねえ。三千人のホール作るべえやっ‼」

と、人口五千人しかない町や村が全く不相応なホールを作るのだ。

ところが見かけのハードばかり立派に構えたものの、肝心の中身、つまりソフトのことには全く頭が回っていないのだ。

だから客席が満員になることはまずない。

立派なホールはメンテナンスにもお金がかかるので、当然ソフト、つまり音楽・芝居・舞踏その他の演者を呼ぶ予算はない。なんとか呼んでもお客が前一列だけ、なんてことだと、やはり演る方もあまり気分の良いものではない。二度と来ない。

また演者側から企画しようにも、会場は立派なので都会とあまり変わらないホール使用料を取ろうとする。しかし客が入る見込みもないホールでやってもメリットはないのだ。

かくして月一回程度、町主催の「カラオケ大会」だけであとはスケジュールがらがら。そのまま寂れていくのだ。

こういう光景を結構目《ま》の当たりに見る機会が多かったので、正直、

「日本はまだまだ文化レベルが低いんだな……」
と一抹の寂しさとともに思わざるを得なかった。

「うちの町には古くて小さな施設しかないけれど、その分ホールを作るお金を演者に回して、毎月様々な催し物を行います！」

こんな町がひとつでもまともに出てこないものだろうか。町内の文化レベルも上がるし、演者もおそらく喜んで来るだろう。

そして九五年の「どこでもツアー・番外編」の会場が発表された。場所は寒風吹きすさぶ十二月のニューヨーク。初めての海外公演でもある。

しかしファンの人達にはもっと大きなニュースが同時に知らされた。

柳原、「たま」脱退。

「たま」はリーダーを設けていないバンドだったが、世間的には一番ヒットした「さよなら人類」を柳ちゃんが歌っていたので、柳ちゃんがリーダーだと思っていた人もいただろうし、一番ポップ的な部分を担っていたとも見られていたようなので、

「柳原さんのいない『たま』なんて『たま』じゃないっ‼」

「四人のアンサンブルが『たま』だったのに〜」

「もう私の中で『たま』は終わりました」

という声も多く聞こえてきた。

実はこの年の初頭には、メンバーには柳ちゃんから「脱退したい」の旨が伝えられていた。

折しも阪神大震災とオウムサリン事件のまっただ中の渾沌とした時期の告白だった。

「俺、ソロでやってみようと思うんだ。ちょっと『たま』とは違う音楽がやってみたくなったんだ」

一瞬、他の三人の息が止まった。考えてもいない突然の宣言だったのだ。

しかしこれは止めようのないことだった。

メンバー内の感情のもつれとかならば修復、ということもあったろうが、やりたいことが変わってしまったのならそれはしょうがない。

「たま」はいつでも自由な場所でありたかったのだ。

気に入った寄港地が見つかったら、どこで降りても自由な船だった。

趣味が変わるのは人としてしょうがないことで、趣味が変わってあまり興味がないのに活動を続けるのは全くいいことではないと思ったのだ。

柳ちゃんも、考え、悩み、苦しんだろう。

他のメンバーも柳ちゃんの重みのある言葉を聞いて、

「……わかった」

としか言えなかった。

もちろん、その話が出た時、他のメンバーも一瞬「解散」がよぎったが、

「まだ他の三人でもできる面白いことがあるんじゃなかろうか」

ということになり、バンドは継続、柳ちゃんは「脱退」という形になったのだ。

他のメンバーも「たま」とは趣味の違う音楽やその他の活動をやりたいことがあり、それはそれぞれの「ソロ活動」ということで、忙しくて「たま」という形で以外動けなかったデビューからしばらくの間を除いて、その前後の期間も独自に時間をとってやっていた。

　でもどうしても「たま」の活動が主になってしまうので、ソロに使う時間は限られてしまう。それでも他の三人はうまいこと自分の中でバランスをとってやっていたが、柳ちゃんは「やるとなったら、とことんひとつのことに専念するタイプ」でもあったので、「たま」との両立が難しかったのであろう。それはその人その人の性分だから仕方ない。

　それでも柳ちゃんはこの年の「たま」のスケジュールがほぼ決定していたため、脱退を先延ばし

にしてくれ、一年間そんな様子はファンには一切見せずに、いつもの明るい柳ちゃんで、楽しくライブとかをやってくれた。

俺ですらそれから数ヵ月経ってもいつもと全く変わらずライブを楽しんでいる柳ちゃんの様子を見て、つい、

「辞める、っていうの撤回したっていいんだぜ。まだファンの人には発表してないんだしさっ！」

と言ったら、さっと柳ちゃんの表情が険しくなって、

「俺がこれからひとりだけで頑張っていこうという時に、そんな腰を折るような事は言わないでくれよっ‼」

と怒られ、

「あ……すまん」

と謝った。

つまり俺も騙《だま》されるほどのプロ意識で、きっちり決まった仕事は楽しんでやってくれていたのだ。

サンキュー柳ちゃん、かっこよかったぜっ‼

第九章

淡々タヌキ時代

ということで九六年の年明けとともに「たま」は三人になってしまったのだ。カルテットからトリオになってしまったのだ。

しかし、「たま」の楽曲にとりあえずキーボードは必須であった。オルガンやアコーディオン、ピアニカ等の音は「たま」の楽曲の一種の象徴的な音だったのでそれをなくすことは不可能だったのだ。

ということで、正式メンバーではなく「サポートキーボード」ということで、様々な人にお願いした。

結局解散までにスケジュールの関係で交代等しながらサポートしてくれた人は七名。斉藤哲也《さいとうてつや》君（ナタリーワイズ他）、ライオン・メリィさん（メトロファルス他）、足達英明《あだちひであき》さん（アダチ宣伝社他）、鈴木《すずき》アキラさん（exサンディー&ザ・サンセッツ他）、上田《うえだ》禎《ただし》君（exハミングス他）、ロケット・マッツさん（パスカルズ他）、佐藤《さとう》ミッシェル俊雄《としお》君。サンキュー！

柳ちゃん脱退後、三ヵ月の準備期間ですぐに「新生たま」はまたシュッポッポーと汽笛を鳴らし始動した。

もっとも、最初はGさんがいない「たま」の時期もあったわけだからそれを第一期、Gさん加入時が第二期で、言わば「第三期たま」とも言えるのだが。

そしてここから解散までの時期は、それこそ淡々と自分達のペースで、自分達で納得のできる作品と演奏を、自分達でＣＤやらライブとしてプロデュースしていった。で、テレビ等マスコミへの露出や宣伝は積極的には行わなかった。正直、そこまで手が回らなかったということもあると思うし、あまり本人達に興味がなかったという性格もあるかもしれない。

しかしこれは世間的には大きなことであったようである。

それまでテレビに出ていた人が出なくなる、ということは「解散したんですか？」とか「えっ！まだやってたんですか⁉」とかに直結してしまうのだ。

結果、時折マスコミから来る依頼は「あの人は今⁉」というものばかりになってしまった。

確かに気持ちはわかる。

俺だって、昔さんざテレビに出ていた人を画面で見かけなくなると「何してるのかな～」と思ってしまうからなー。すわしんじはまだどこかで「アチャ――――ッ！」とやっているのだろうかとか……。

しかしそういう番組は往々にして「苦労話」や「大逆転の転向話」を期待しているので、俺達は正直困惑して、申し訳ないがほとんどは出演や取材を断った。

なぜなら、俺達の活動自体はマスコミ露出以外はほとんど変わっていなかったから。

もちろん大波はいつの間にかレレレのレーと去ったので、ホールでやっていたのがまたライブハウスに戻ったり、レコーディングも海外ではなく、自分達のスタジオ等で行うようになったり、というのはあったろーが、それは本人達にはさして重要なことではなかったのだ。かえって好きな時に納得のいくまで曲を練ったりしてやれたので、活動的には充実していたぐらいだ。

要は音楽で暮らせればそれだけで万々歳のエッサッサーのホーイホーイだったのである。

そして幸いにも一応解散まで音楽で食べてこられたし、ライブもレコーディングも、お客さんの多少にかかわらず、こちらが演奏する時は毎回その時なりの最高のものを作ろう、という考えは変わらなかったのだ。

お客さんもある時期からはほとんど動員や売り上げに変化はなく、だからといって固定ファンばかりということでもなく、「お母さんが持っていたＣＤを聴いてショックを受けて観に来た」とかの若い人達も多く、毎月やっていた「MANDA-LA2」のマスターにも、

「これだけ長いことやっているバンドは、普通常連客で固定されるのがほとんどなのに、特に宣伝もなく新しい客が増えていくことは凄い」

と言われた。

元々「ある年齢層」という横のゾーンに評価をされるより「老若男女かかわらずある種の『日常の中の非日常』が好きな人」という縦のゾーンに好かれるタイプだったからかもしれない。常に「やりたいことをやる」しかできない不器用揃いだった。もちろんそれがお金になれば嬉しいが、それはあくまで二次的なことで「音楽ビジネス」にはあまり興味がなかったのだ。なんか頭とか下げたり、根回ししたりとか、こっちを立てなくちゃ、とかが少なくとも俺はメンドーだったのだ。

柳ちゃんの脱退は確かに大きなことではあったが、「たま」という船は基本的に変わっていなかったのだ。

デビューのきっかけとも言える「イカ天」でもそうだが、その時だけ急に演奏や歌がバッツグーンにうまくなってルックスもバッチリゴゴゴーになりなぜか下半身も巨根にとヘンシ〜ン、トオォオオオ――――ッ!!

……していたわけでももちろんないので、こちらとしてはずっと淡々タヌキでやっていて、突然「ブーム」というスポットを当てられて「うわっ、まぶしっ！」と思ったり、でもその眩しさに慣れてきた頃に「ハイ、時間だよ〜！」と言われていきなり照明をガシャンと切られたようなものだったのだ。

これは何も俺達だけじゃなく、ほぼすべての「祭り上げられた人」に言えることのような気がするのだが、

「俺達はあまり変わってないのにな〜。ナンジャラホーイのホーイホーイ」

と「ホーイホーイ音頭」を唄い踊りたい気持ちだったのだ。

もちろん年とともに多少船も老朽化するのは事実としてあるだろうが、船自体は同じなのだ。ただ、周りに来る波の違いだけなのだ。

つくづく「音楽も内容云々じゃなくて『今流行《はや》っているかどうか』のイメージのビジネスなんだな〜」と俺は感じてしまったのだ。

ライブも平均して解散まで毎年五十〜六十本以上は行っていたし、メジャーデビュー後のＣＤアルバムも次の通りだ。でもほとんどの人は九三年ぐらいまでしか知らないのではないだろうか。

`90『さんだる』（アクシック）

`91『ひるね』（アクシック）『きゃべつ』（アクシック）

`92『犬の約束』（東芝ＥＭＩ）『まちあわせ』（ベスト版・アクシック）

`93『ろけっと』（東芝ＥＭＩ）
`94『ねこばば』（カセット復刻版・地球レコード）
`95『そのろく』（地球レコード）
`96『たま』（パイオニアＬＤＣ）
`97『パルテノン銀座通り』（パイオニアＬＤＣ）
`98『いなくていい人』（地球レコード）
`99『LIVE IN NEW YORK』（地球レコード）
`00『東京フルーツ』（地球レコード）『しおしお』（アナログレコード復刻盤・ナゴムレコード）
『でんご』（アナログレコード復刻盤・ナゴムレコード）
『Best Selection』（ベスト版・パイオニアＬＤＣ）
`01『しょぼたま』（地球レコード）
`02『室温～夜の音楽～』（地球レコード）
`03『たまセレクション』（ベスト版・クラウンレコード）『しょぼたま2』（地球レコード）
（注・レコード会社は発売当時の名称。また廃盤後Q盤等で再発になったものは記してない。これ
以外でも九二年に友部正人&たまで『けらいのひとりもいない王様』（アクシック）というアルバ

ムを発表、『でんご』は復刻前は四曲入りシングルだったがボーナストラックを四曲追加したので実質的にアルバム。また後期には五～六曲入りのマキシシングルも数枚発表しており、〇一年に出した『汽車には誰も乗っていない』の曲は、アレンジ違いの一曲を除いてどのアルバムにも収録されていない）

つまりデビュー後は毎年途切れることなく、アルバムもコンスタントに発表していたのだ。

だから「あの人は今」と言われても、

「えーと、活動は相変わらずですが……」

ぐらいしか喋ることはなかったのだ。

これじゃ番組はつまらん。つまらんよ。

すまんのー、「苦労話」や「転向話」を期待していた人達よ。何もないんよ～。

さて、「淡々と」と言っても柳ちゃん脱退から解散までは八年ある。

「その間、何もなかった、と言ってもなんかちょっとはあったろ～」

と思うであろう。

確かにちょっとは何かあったでーす。

その中でいくつか特筆するとすれば、海外公演、しょぼたま結成、演劇への参加などであろーか。それを話してみよう。

まずは海外公演。これは「詞」が結構武器である俺達には、言葉のわからぬ土地で、つまりは音だけで勝負するとどうなるのかいな？　という単純興味があったのだ。

最初のニューヨークは前章でも書いたが、九五年に四人「たま」で行った。で、柳ちゃん脱退の報があった直後なので最初はお客さんは日本人ばかりだった。

しかしこのライブハウスは変わっており、ホールの手前にバーカウンターがあり、一般の人達はここで勝手に飲み食いしながらホールから洩れ聞こえる音を聞き、気にいるとチャージを払って中のライブが観られる、というシステムだったのだ。

ライブ中盤から少しザワザワし始め、終了時には後ろの方は地元のお客さんが立ち見でいっぱいで、ヒューヒューの口笛も聞こえた。これは嬉しかった。

ちなみに最後の「鐘の歌」という曲の途中では、とりわけ歓声があがった。

「もおお、興奮しているからって、静かな曲の時はちょっとおとなしくしててちょうだいな～。むふふふ」

なんて思っていたら、俺の頭にベニヤでできたステージ上の店の名前を書いたでかいボードがゆっくりと倒れこんできていたのだった。

「ベコン」

もちろんこれがベニヤじゃなくて厚い鉄板とかでできていたら、そのまま首が体の中にピューッとめりこんでギャグマンガ、というか死亡である。

ホテルのベッド、そして馬小屋以来の危機一髪だったのだ。

もちろんここでも演奏の方は一秒たりとも止まらなかったのは、言うまでもない。

尚、この日のフロント・アクトを務めてくれたのは、知る人ぞ知るマーク・リーボー、その人であった。知る人だけ、びっくりしてください。

次の年、九六年は三人「たま」になって今度はサポートに斉藤哲也君を入れてパリで公演した。

これはフランス在住のレ・ノンヌ・トロッポという、男三人が修道女の格好をしてブラック的なトークと演奏をするバンドのリーダーが「たま」のことを日本に来た時に偶然知り、気に入ってジョイントをやらないか、と声をかけてくれたのだ。

この会場はそこそこ時代を感じさせるいい感じの中規模のホールだった。

そして、ここでも最後は観客がドヨメクほどの総立ちになり、あまりの反応の良さに驚き、
「フ……フ～ン、これで俺達はおフランスも制覇。国際的なバンドザ～ンス！」
とすっかり「おそ松くん」のイヤミのように「シェー‼」のポーズをとった。

ちなみに俺と妻はライブの次の日、リーダーのネリーがやはり自分のパートナーを連れてくるというので、四人で一緒に近くの町までドライブに行ってプライベートで遊んだりもした。

ネリーは俺と同い年で、パートナーはデイビットという紅顔の美少年だった。

そして、二〇〇〇年にはネパールのミュージックフェスティバルに出演、三ヵ所での公演だった。首都カトマンズ、リゾート地ポカラはまぁまぁネパールと言っても一応都市の部分もあったが、あの『地球の歩き方』という一番細かいとされている旅行ガイドブックにおいても、地名すら載っていない「ジャパ」というインド国境の町は凄かった。

まず、舞台はすべて竹を組んで作ってある。だから結構な高さだが、グラグラと揺れて足元のおぼつかないことと言ったら、ただ歩いているだけで「♪アラエッサッサ～」とあっちでもこっちでも誰もがドジョウすくいを行ってしまうほどだった。しかしそれでも、足は「フンムッ‼」と踏ん

張ればまだいいのだが、歌っているうちに太鼓の揺れでマイクが振動でどんどんひとり歩きして「さよ～おならぁぁぁ～」と旅に出ていってしまっては、歌をいくら大声で歌っても何も客に聞こえず、虚しさ十割。

なにせ会場は野外で、何万人も収容できるだけの広い場所、というか野っ原なのだ。

とてもとてもマイクなしでは何も聞こえないのだ。

ここでの反応はイマイチわからなかった。でも少なくともニューヨークやパリの反応とは明らかに違った。

そこで「もっとフレンドリーにやってみよーやないか～」ということで、会場から少し離れた町の中心地あたりで突然、街頭演奏をしてみた。

演奏が始まるや、すぐに周りにはぐうるりと黒い顔の人だかり。

ところが演奏が終わって俺が、

「ダンニャバード！（ありがとう！）」

と挨拶をしたところ、予期していた拍手も歓声も何もない。

ただ、男達がジ――――ッと俺達の方を凝視している。

（あれっ？　こっ、こいつは何かまずったかな……？）

と思ってメンバーは何とも言えない表情になって、

「とっ、とりあえず、この場から、はっ、離れようか、知久君」

「そっ、その方がいいようだね、石川さん」

「じっ、Gさんも急いで楽器を片付けようか」

そう言って、三人はそそくさとその場を後にして、ホテルへと帰ろうとしたのだ。

ところが、何かの気配を感じ、俺達はパッと後ろを振り返った。すると……、

「みんなついてきとるぅ～!!」

なんと、先ほどまで俺達を囲んでいた町の人達が、俺達の後をずっと黙ったままついてきていたのだ。

ここでようやくわかった。

つまり、ここでは「曲が終わったら拍手をする」といういわゆる西洋のジョーシキがまだ浸透していなかったのだ。だからみんな興味はあって、まだ何かやるんじゃないかとついてきてしまったのだ。

ネパールのちょっと薄汚れたオッサン達をたくさん引き連れたハーメルンの笛吹き。

こ、これはファンタジーなのだろうか……。

それ以外では、バリ島に二年連続で行き演奏もしたがこれは「ファンクラブツアー」の一環で地元の人はほとんど関係なかったので割愛。

しかし、海外でもそれなりにどこも反応は良かった。

そして知らない人にいきなり聴かせて驚かれたり、喜んでもらえるのは本当に俺には嬉しいことだった。

ここで、たまの音楽のでき方の大雑把な流れを書いてみよう。音楽そのものについては聴いてもらうしかないが、まず初期にはみんなでのセッションから生まれる曲が結構多かった。

例えば「かなしいずぼん」は知久君の作品だが、実際は途中で柳ちゃんが歌いだす部分は柳ちゃんが、そして唐突に「語り」が始まる部分は俺が作っている。

これはみんなで即興演奏みたいなことをやっていくうちに、他の人がどんどんチャチャを入れて曲をある意味で壊していく作業をして、結果、曲とアレンジが同時に生まれていくことも多かったのだ。

そういう意味ではあの「さよなら人類」もそうである。柳ちゃんが適当にピアノで歌っているところに、知久君が変なギターを絡ませ、俺が「着いた〜‼」とか雄叫《おたけ》んで曲になった。ちなみにこの曲は長いフリーセッションの一部を後日柳ちゃんがまとめてきたもので、同じセッションで「家族」という俺のボーカルの曲も生まれている。

すなわち、この二曲は元々は一曲のセッションだったのだ。

また、誰かが持ってきた曲もみんなの手で全然印象の違う曲になってしまうこともままあった。例えば「おやすみいのしし」と言えばアンコールに欠かせない、「たま」の中では「元気馬鹿ソング」の印象だろーが、元々知久君が持ってきた時は、もっとのんびりした曲だった。「どんぶらこ」などもちょっとプログレっぽい無気味な印象の曲だが、最初柳ちゃんが持ってきた時は「♪あらよっと、どんぶらこぉぉぉぉ〜」という明るいお祭り調の曲であったのだ。

そしてGさん加入時頃セッション時期は終え、それぞれがある程度曲の骨子を作ってきて、それをみんなであーでもないこーでもないとアレンジをコネクリ回す、という作業の時代があった。例えば「夏の前日」とかがそれで、かなり細かいアレンジがなされている。

そんなことをしている頃デビューとなったが、最初のアルバム二、三枚はすでにインディーズ時代にやっていた曲を、ほとんどライブ通りに再現した。

そしてコネクリマワシにちょっと飽きてきた五枚目の『ろけっと』あたりでは、逆にちょっとシンプルな感じに戻っている。なのでそのあたりは、聴く人の趣味で「素の感じがいい！」という人と「何かアレンジがシンプルすぎる……」と好き嫌いが分かれるところかもしれない。

柳ちゃん脱退後は、知久君がその風貌に似合わず、安っぽいシンセサイザーみたいな物（ノベーションと言ったか）やサンプラーみたいなもの（実は俺は未だに違いがよくわかっていないのだ〜、ニャハハ）をいじっていたので、皆も「おっ、これも面白そうじゃわい！」と原始人が初めて火を使うかのごとくその文明の利器にふれてみたのだ。

しかしそこは元来チープ趣味の俺達なので、オーケストラのような音とかを使うのではなく、例えば外に出ていってガードレールをカンカンと棒で叩いた音をサンプリングしてそれを楽器のように鳴らしたり、テープの逆回転を入れたりと実験的なこともした。

これが最も顕著なのは『パルテノン銀座通り』というアルバムだろう。だからこのあたりの曲はライブでは、アレンジがCDと大きく違うものも多かったのだ。

そしてある程度その「音重ね遊び」をやりつくした頃、その反動で後述する「しょぼたま」という、シンプルの極致のような、なるべく音数を減らした曲本来の味わいを堪能してもらいやしょう、そーしやしょう、というものを作った。これの代表が『しょぼたま』というアルバム。

ここで、「デビューの頃は聴いていたけど、後期の『たま』はほとんど聴いていない」という人には、メンバーからは一応『東京フルーツ』というアルバムが入門編として一押し。

これは前述の「ライブで再現出来ないアレンジ」の曲と「シンプル・イズ・ベストの『しょぼたま』」がいい具合でミックスされて入っているので、

「後期のアルバムでとりあえず何を聴いたらいいのでしょ〜。わからんち〜ん」

という人にはうってつけなアルバムだろう。

これを聴いて自分がよりどっちの趣味が近いかで、その前後のアルバムを聴いていっておくれ〜。

さて、「しょぼたま」というのを説明しよう。つまりこれは「しょぼいたま」の略である。略語嫌いと言いながら略しているが、ま、「い」一文字だけなので勘弁してくれたまへ。

元々しょぼさ、チープさがある種の「たまらしさ」の一端を担っているのだが、これをさらに推し進めて、「究極の音圧の少ないバンドを作ったれ！」という、言わば「バンド内バンド」なのだった。ちなみに「しょぼい」は俺達の中では誉め言葉なのだ。

そもそものきっかけは、その頃ラジオやテレビ番組などで、

「ほとんどセッティングとかはできないんですが、何か簡単な楽器で生演奏できませんかね〜」

と言われたことが立て続けにあったので、

「それなら、なんかいつもより簡単なセットを作って、わざわざ楽器を時間かけて組まなくても、気軽に路上やマイクがほとんどないところとかでも演奏できる形態を考えよーか」

ということになったのだ。

結果、まずGさんのベースは絶対に電源やアンプが必要となるので「しょぼたま」の時だけ、キーボーディストにと変身。ピアニカやトイピアノなどを弾くこととなった。

しかしピアニカは口で吹いて音を出すので、コーラスが取れない。そこで大きな風船をくり付けて、その風船の吐き出す空気でピアニカの音を出すという離れ技を編み出した。思いついた時はメンバー全員で爆笑。

まぁ、音に強弱がつけられないという欠点はあるものの、これは日本のピアニカ界の第一人者、その名もピアニカ前田《まえだ》さんにも「ええアイデアやな〜」と絶賛されたぞ。ウッシッシ。

知久君はウクレレを多用し、ギターもいつもより小さめのものを使い、そして口琴やオモチャ笛などでいつもより音量三十パーセントカットの耳に優しいヘルシーさ。

俺は後述「パスカルズ」でも使用している「バッグ一個に納まる」パーカッションセット。つまり骨組みは「無印良品」で買った紙の筒を毎回組み立て、それに鍋やらゴミ缶やらタンバリンなどをくりつけたもの。そしてそのセットには足にキャスターを付けたので、場所に余裕があれば、叩きながら「♪どこま〜でも行こう〜」と移動しながら叩ける、というパーカッションセットとしては「あり得ん！」と頭の固い人には怒られるようなふざけた構造になっていたのだ。

　そんなセットを使って演奏をしているのを見かけたのが第三章で登場した「ナゴムレコード」主催でその後活動の中心を演劇に移行し、岸田國士戯曲賞をはじめ各演劇賞を総ナメ（なんか「総ナメ」ってすんげえ卑猥な言葉だな……）にし、すっかり演劇界にその名を知られ始めたケラさん。で、きっと、「この形態は使える」と思ったのであろう。早速芝居に出ないか、という声がかかった。

　俺達の演奏を結構使ってくれる、というので「そりゃ〜いいでがんすな！」ということになり、ケラさん、つまり筆名ケラリーノ・サンドロヴィッチ演出で、結局三度の芝居で通算五十回ぐらい公演をさせていただき、劇中バンドとして登場させてもらったのだ。

ま、ついでに演奏以外のシーンでも三人とも大根役者としてもちょっと出演し、観客の失笑を買ったりしていたのだったが。

ちなみに出演作品は「薔薇と大砲〜フリドニア日記＃2〜」「室温〜夜の音楽〜」「ドント・トラ

スト・オーバー30」で、「室温」はその後テレビドラマ化もされ、俺達もロケとかに行ったりした。尚、ひとつの芝居でもいろんな役をやることもあったが、たいていGさんは「無表情の執事」とか「ロシア人」とかのストーリーにほとんど関係ない意味不明な役で、「薔薇と大砲」では俺と知久君は親子（もちろん俺が親父。しかも息子に「筆おろししてこい！」ってなしょーもない親父）、そして「室温」では老人と子供だった。実際には三つしか年は離れていないのに、ひどい差別でがんすー。

ってなことをはさみながらも、淡々とライブやレコーディングを送るマイペースでそれはある種の理想的な幸せな日々でもあったのだ。

俺は食えなくなるのはさすがに困るけど、食えて自分の好きな事をやっていられれば、ひとまず幸せだったのだ。

もちろん多少のいやなことや「なんじゃ、そりゃー!?」ってな松田《まつだ》優作《ゆうさく》みたいなこともあるにはあったが、それはどんなジンセーを送っていてもあるものだと思うし、まぁいやなことはなるべくすぐに「ナ・ン・ジ・ボ・ウ・キ・ャ・ク・セ・ヨ」というシステムを俺は自分の頭に徐々に培ってきていたのでさほどの問題ではなかった。

それでも忘却できないものは「幸福な日々」をより際立たせるスパイスだからしょーがね〜や、

とゴーインに思うようにしていたのだ。

だってそう考える方が得だもーん。得が好きなんだもーん。

とにかく、俺的には基本的にふふふの日々であったのだ。


俺は時折、死について考える事がある。

子供の時から体が弱かったので、ずっとずっと考えてきた気がするのだ。

そして、いつも思うことがあるのだ。

大往生なんて、滅多にあるものではないから、きっとそのほとんどが、悲惨な死か、もうちょっと、なんとか……の惜しまれる死であろう。

その時、その死が悲惨なものであればあるほど、その人の全人格までもがその死によって結論付けられてしまう。

でも、俺は思う。

結論なんて、いらないのだ。

もちろん死は本人の物ではないのかもしれない。

本人だけが、いつの時も蚊帳《かや》の外なのかもしれない。

しかし。

俺は、俺がたとえどんな悲惨な死に方をしても、のほほんとした、何だか思わずふふふ、と笑いたくなってしまう瞬間のあったことを、忘れたくないのだ。

俺の、俺だけのそんな瞬間を消し去ってもらいたくないのだ。

忘れたくないのだ。

内戦で頭を弾で打ち抜かれて死んでいった兵士。

家族旅行の帰りに、ダンプカーに突っ込まれ即死した父親。

餓死する子供。

自殺する老婆。

でも、彼らだって、あっ、と思わず顔がほころんでしまう瞬間はあったはずだ。嬉しい夢を見て、にやにやした瞬間があったはずだ。

その瞬間がひとつでもあれば、俺はその人が生まれてきたことは、よかったと思うのだ。

その瞬間こそが、永遠だと思うのだ。

死はもしかしたら、ハミガキや靴を履くのと同じくらいのことかもしれない、と思うことがあるのだ。

第十章

そしてひとりずつに。

さて、メンバーは「たま」をやりながらも、同時にそれぞれソロ活動も行っていた。

これは元々ソロで活動していた者の集まりだったので当然で、デビュー後しばらくの「たま」だけで精一杯じゃ〜、もう動けんですわい〜、という期間を除いてその前後ずっと行われていたのだ。

つまり、音楽以外のことはもちろん、音楽でも全くのソロや、他の人のセッションで「たま」とはまた別な形態でやりたい時はそれぞれ自由に演奏や歌を楽しんでいたのだ。

知久君は、とにかく本当に歌うことが好き。とにかく空いているスケジュールのところには、「おひおひ、まだ歌うのかひ」というほどにソロライブをぶちこんで全国を回っている。またアイルランドの「チーフタンズ」はじめ、数々の人とのセッションも枚挙に暇がない。

そして俺も参加している「パスカルズ」というバンドでもウクレレや口琴なども担当している。だから「たま」は解散しても「パスカルズ」がある限り、実は同じバンドメンバーであることは変わらないのだ。こりゃもう、腐れ縁としかいいようがない。

Gさんは、ソロアルバムに力を入れ、現在までですでに三枚を発表。実は「たま」の中で楽曲は一番多いかもしれない。

あとはなんだかんだでやっぱり「社長業」。あまりそういうことについては自ら喋らない方なのだが、結構他の取締役（ま、簡単に言っちゃえば俺と知久君ね）が名前だけでな〜んにもしないので、ひとりでガンバっていたところも多いと思う。感謝。

柳ちゃんも、直接はしばらく会っていないが、ホームページを見ると、いろんな人達とソロプロジェクトを組み、精力的にライブやＣＤ発表などしているようだ。

ともかく誰も欠けずに活動を続けていることはなんとも嬉しいことなのだ。

そして俺はとにかく、八方美人なのだ〜っ。発砲美人じゃないよ、怖いからね。発泡美人でもないよ、ブクブクしてて訳わからないからね。自分が面白いと思った表現活動なら、なんでもとりあえず猪突猛進しちまう「ヤリマン体質」なのだ。そこが他の三人の「音楽一筋」と決定的に違うところだろう。

まずは執筆活動。今まで出したのが旅行記二冊、インスタントラーメンの本、そしてなぞなぞの本というのだから、もう本のジャンルだけですでに支離滅裂。尻滅裂じゃないよ、痛いからね。

旅行記は二冊とも「すごろく旅行」という俺が発明（?）したゲーム旅の顛末記。

これはどーいう旅かというと、どこに行くか神のみぞ知る旅なのだ。

つまり名前の通りすごろくのようにサイコロを振って出た目の数だけみんなで駅を進み、そこで下車してあらかじめ作っておいた「クジ」を引き、その町で遊ぶ、という旅行だ。

もちろんどんな目が出るかわからないから、一週間後に北海道にいるのか九州にいるのかもわからない。観光地の町に降りることは稀で、しかしそれだからこそ観光化されていないその土地ならではの真の風情に浸れたり、予備知識がない分期待もないから地元の人しか知らない温泉なども見つけたりして真の「『発見』という旅本来の楽しみ」が享受できるのだ。

地元の人とのコミュニケーションもできやすいし、言わば旅の一番の醍醐味と俺が思っている「ハプニング」をわざと起きやすくしている旅なのだ。

また本当に雑貨屋一件もない町や新興住宅地の駅に降りた時も「クジ」が盛り上げてくれる。

例えば、

「この町で一番でかいものを拾ってくる」

「男はみんなジョン、女はみんなヨーコになり、英語しか喋ってはいけない」

「意外な匂いのするものを町じゅうのものに鼻を押し当て発見する」

　などなど。国内のみならず台湾や韓国でも行い、通常では経験できない旅をしてきたその旅行記だ。

インスタントラーメンの本は元々ひとり暮らし時代、もちろん筍《たけのこ》生活だったのでメインのディナーは常にインスタントラーメンだった。

　しかしそんなラーメンでも毎月のように新しい商品が発売される。そしてバンドのツアーなどで地方に行くと、その土地でしか売っていない中小メーカーの商品などもある。なのでどの町に行っても俺は雑貨屋やスーパーに飛び込み「お宝探し」で「ウヒョホッ！」の楽しみがあったのだ。

　ということでそんな「小池さん生活」を毎日違うラーメンを食べる事で一種の娯楽としていた時期があり、数年間で千種類近いラーメンを食べてそのパッケージをスクラップブックに貼って蒐集していたところ、出版社からお呼びがかかったのだ。

　これはその後企業から講演を頼まれるほどになった。まさかラーメンを食い続けているだけなのにそんなことになるとは考えもしなかった。まさにどんなことでも「継続は力也《ちからなり》」なのだ。ただしその代償に体重は赤ん坊十人分くらい増えたけどな。ふははははは、オギャーオギャーと五月蝿《うるさ》いわい。

なぞなぞは四十を過ぎたある日、ひょんなきっかけから自分の子供の頃の夢が「なぞなぞ博士」になることだったということをハタと思いだし、「すぐやる課」の俺は自分のホームページで毎日五問ずつくーだらないなぞなぞを考えて発表していたのが形になったのだ。

ついでなのでホームページのことも書くと、地方に出ている時以外は十以上あるコンテンツのどれかをほぼ毎日自分で更新していて、この「なぞなぞ」以外にもいろんな「読者投稿コンテンツ」があり、なぞなぞを正解したり投稿が載ったりするたびにポイントが加算され、それが貯まると「俺が奢《おご》るので、ふたりで飯でも喰おうや！」という特典もあったりするというくだらないＨＰなので是非覗いてみてくれたまへ〜。

その他にも共著で『ひまのつぶしかた―ぜいたくしない１２３のしあわせ』『たまの月経散歩』『たま詩集』等がある。

それから雑誌の連載も、ゲーム批評、ポエム批評、一日すごろく旅行記、商店街めぐり記などを書いていたことがある。

この本もそうだけど、書く作業は基本的に好きなのでございマス。元々ミニコミとかもしこし作ってたりしてたしね。えっ、あなた出版社の方⁉　原稿依頼待ってますよ～ん。どんどんカキマスよ～。

音楽は、敬愛していた「突然段ボール」と遂に共演する機会を得、さらにお互い詞と曲を交換しあっての合作ロックアルバム『ワカラナイ』『管轄外』と二枚も作って積年の夢を果たした。古い歌友達の大谷シロヒトリ（現・大谷氏）との合作アルバム『ホルモン鉄道』では鉛筆削りやスリッパなどを楽器にして歌を歌った。

そして先日ライオン・メリィさんにサウンドプロデュースをしてもらって遂にファーストソロアルバム『おいしいうそがいっぱい』も作った。

これには実は「たま」結成以前に作った二十歳前後の歌が結構入っている。三十歳頃はなんだかその青さが恥ずかしくて歌えなかったのだが、四十を過ぎたら逆に「あの頃の曲にはそれはそれで今では作れない魅力があるな」と思えてきて、録音に踏み切ったのだ。

ちなみにこのアルバムのキャッチコピーは「ドライブ・デート・お店のＢＧＭ等に最不適」だ。何せ、一曲目の出だしの歌詞がいきなり○○○だからな。「たま」とはちょっと違うロックな感じになっているので、是非こそこそと人目を避けて押し入れの中とかで聞いてくれたまへ。

また、知久君の項にもあった「パスカルズ」では日本盤で『こりすちゃん・でおーる』『パスカルズが行く』、海外盤で『パスカルズ』『アビエント』というアルバムを発表している。
そのバンドでもパーカッション及びちょっとだけボーカル担当だが、俺だけは実はライブやレコーディングの時、リハーサルの通知が来ない。そう、俺だけ常に「完全即興」なのだ。ちゅーか、「石川君はきちんと楽曲を把握するより、その場で毎回思いついたことをやる方が面白いよ〜」とバンマスのロケット・マツさんの御神託により、そうなったのだ。……それって、いいのか悪いのか⁉

そして、このバンドは十五人という大所帯でインストルメンタルを中心にそのバンド名の由来ともなったパスカル・コムラード、ブライアン・イーノ、そして友部正人、三上寛から果てはバッハまでやってしまうというこりゃまた不可思議なバンドで、日本ではほとんど無名だが、なぜかフランスのカレッジ・チャートで現地で出したアルバムが一位を取ってしまったらしく、ヨーロッパではそこそこ人気で、「ル・モンド紙」（日本での朝日新聞のような権威ある新聞）等でも絶賛され、「たま」解散の数日後にはもうフランスに出かけ十数ヵ所を回るツアーも行い、ホールを中心にどこも満席近い客の入りで大いに盛り上がった。

また〇一年にもやはりフランスのレンヌという町であのニルヴァーナなどもブレイクしたという伝説のトランス・ミュージック・フェスティバルに出たのだが、そこでは俺はシンバルをわざと三メートルぐらいの高さに設《しつら》え、本気でジャンプしないと叩けない、というくだらないパフォーマンスをしたところ、会場がドヨメクほど反応があり、終演後ひとりの男が俺に物凄い形相で駆け寄り、

「連絡先を教えてくれ」

と言って名刺を持ってきた。そこには「シルク・ドゥ・ソレイユ・プロデューサー」と書かれてあった。

あの～すいませんがもう四十過ぎてるんで、さすがにサーカスは無理です……。


それから役者としては映画『害虫』（塩田《しおた》明彦《あきひこ》監督）等にも出演した。

当時中学生で本作が初主演映画だった宮﨑《みやざき》あおいさんと共演して、ふたりで缶蹴りや火炎瓶投げなどをしたのだ。その時は宮﨑あおいさんや脇の蒼井優《あおいゆう》さんが、後に国民的大女優になるなんて思ってもいなかったのだが。


テレビはたまにバラエティ等に呼ばれることもあった。

「ダウンタウンのガキの使いやあらへんで！」にも何回か出演したが、最初の出演はいわゆる「どっきり」だった。

初めは「軽いトークに出演してくれ」というので元々妻の影響で、ダウンタウンの番組はまだ彼らが深夜帯の番組しかやっていなかった頃からすでに全て録画して見ていたほどの大ファンだったので、ふたつ返事でＯＫした。

当日、スタッフと一緒に控え室で待っていると、

「すいません石川さん、楽屋に入る前にランニングに着替えて下さい」

と言われた。

衣装に着替える場所が楽屋なのに、なんとなんと面妖なことよと思ったがとりあえずトイレで着替えて楽屋に入った。

ところが入った途端に俺は気づいてしまったのだ。小さな隠しカメラがさりげなく二台こちらを向いているのを。

そしてテーブルの上には異常に豪華な弁当とエロ本。そして何故か各種ヅラ。それまでもテレビにはそこそこ出たことはあるので、そんなものが楽屋に置いてあることはあり得ないのだ。そしてすぐに、

「どっきりか……」

と気づいてしまったのだ。

これには正直困った。

つまり、自分の立ち位置がわからなくなったのだ。

完全にコメディアンなら何も気づかないふりをしてどんどんボケていけばいいのだろうが、ステージではくだらないパフォーマンスはするものの、それはあくまで音楽ありきの上でのお遊びなので、完全に「お笑い芸人」に徹するのは意識的にも、また技術的にも無理だった。

たぶんスタッフは、「たま」のランニングに芦屋雁之助《あしやがんのすけ》演じる山下清のイメージを期待していたのだろーが、確かにボケはあるものの実はその逆の狡猾《こうかつ》なところも同時にあったりするので、素直にボケる心の準備も出来ていなかったのだ。

しかも考えてボケるとさっぶい事になるのは自分でもわかっていた。

かといって「なんだ、この隠しカメラは～」というのも大人気ない。

ということで結局ビミョーな感じになってしまった。

でもこれは今でも悩んでいるのだ。

世間のイメージは前述の通り、芦屋雁之助演じる山下清を望んでいるのは、その後のなんだかんだのテレビ出演した時の放送時の編集等を見てもはっきりわかるのだが、実際は結構振られるとつまらないことをウダウダと喋ってしまうタチだったりするのだ。

しかもこれがまたすこぶる面白くないときているからタチが悪い。もしやインポテンツ!?　それは立ちが悪い。

で、今でもそういうタレント的な仕事が何の間違いか飛び込んでくることがある。その時は自分で「キャラ作り」をしないとな……でも別にタレントになりたいという気持ちがそんなにあるわけではないし……でも意外とそれが自分が好きな番組であることが多く、出たい気持ちもあるし……。

う、う～ん。

あ～、あたしは一体どー振る舞えばい～の？　誰か教えてちょーだい～。

「自然体で出ればいいじゃないか」

ともよく言われるのだが、目の前の人によって微妙に性格を変えて姑息《こそく》に生きてきた俺には「自分の自然体」がわからぬのだ～。というかそんな立派なもの持っておりまへんのんや～。……むーん。

「たけしの誰でもピカソ」では美術審査員として準レギュラーで出演していた。これも中学時代、美術でクラス唯一の「1」を取った俺のところに何で依頼が来たのかまあーったく不明だったが、なんとなく素人の人の作品を見て審査する、というのは楽で、なおかつ「審査員」なんてオッホンオホオホ偉くなった気分で面白かったな。美術「1」の人に審査されて落選してしまった人、すんませ〜ん！

でもまぁ、その番組をやっている頃に西荻窪に「ニヒル牛《ぎゅう》」という、アートギャラリー雑貨店を二〇〇〇年にプロデュースをしたから「1」でもいいか。

ちなみに代表オーナー兼週の半分ぐらいの店員は俺の妻である。

これは店内にたくさんの小さな「箱」を置き、それを月に千円程度で貸し、その中ではオリジナルの自分の作品であれば、何でも法に触れない限り無審査で展示して販売していい、というアイデアであった。箱の中のレイアウトも自由。だから言ってみればひとつひとつの箱が小さな「個人美術館」「個人商店」でもあるわけなのだ。

これは二十代の頃から考えていたことで、例えば音楽ならまだほんの駆け出しでも小さなライブハウスになら出演できる。そこからワンマンライブ、ホール、そしてドームまで状況に応じて表現する場所がある。

ところが美術の世界にはそれがない。駆け出しではせいぜい画廊を借りてのグループ展とかアートフリーマーケットとかだろうが、それも常に期間限定だし、お金もそこそこかかるし、審査のあるところもあるだろうし、割と「閉ざされた場所」で関係者しか来ないという面もあるだろう。

これでは本来「自由な表現」が最も大事な芸術の分野で、明らかにその発表の場が狭すぎる。また「最大公約数的に秀れたもの」しか結果的に見せることができず、マイノリティに魅力を放つアンダーグラウンドや特殊な感性の作品は、発表の機会すらないではないか。

「こらーいけん。こらーいけませんよ〜‼」

とデキソコナイアートの好きな俺は「ニヒル牛」を作ったのである。

だがもちろん不器用ちゃんの俺がひとりで店を作れるわけではなく、妻や何人もの美術関係の友人達がさらにアイデアを練り、制作を手伝ってくれたからこそできたのだ。俺は頭でいろんなアイデアを考えるのは得意な方だと思うのだが、いかんせん実際に箱を作ったりとかペタペタペンキ塗ったりとか店の運営とかは、長年の友人なしで実現は考えられなかったからな〜。

その点では、本当に友人達には感謝感激飴チョーダイなのだ。

しかし驚くべきことは、この「ニヒル牛」という形態は思っていた以上に斬新なものだったらしく、マスコミの取材が殺到し、そして次の年あたりから次々と近隣の町に似たような店ができ始め、遂には「今、流行の『箱貸しショップ』『レンタルボックス』オープン！」ということで、俺が住んでる埼玉県郊外の田舎町にまで普通にその手の店が営業し始めたのだ。

友達からは「何か特許のようなものを取っておけば良かったのに～」とよく言われるが、まさか俺のほんの思いつきがここまでポピュラリティのあるものだったとは思わなかったんじゃ～!!

で、まぁそれはもういいんだけど、一応俺がそもそも考案したもの、ということだけは覚えておいておくれ～な。

ちなみに現在箱はだいたい一年待ち。ただし、他にないジャンルのものや、「オオッ！」というオリジナルなものは作品を見て「百人抜き」などもあるぞい。真打ちに昇進した時の春風亭《しゅんぷうてい》小朝《こあさ》のようにな。


ってな感じで俺はほとんど音楽と関係ない活動もいろいろしているのだが、最もテレビ・雑誌等でのマスコミの露出が多いのは実はこれらではない。

二十年ぐらい前から自分の飲んだ缶ドリンクを「空き缶はゴミ箱に捨てましょう」の標語をパンクな俺は「FUCK YOU!」と無視して捨てずに集めておいた結果、そのコレクションが一万缶を遥かに超え「缶ジュース評論家」の清水《しみず》りょうこ先生とお話ししたところ、

「コレクション数ではおそらく日本一は確実。もしかしたら世界一の可能性も」

とお墨付きをもらったのだ。

元々はツアーで地方に行った時、その地方にしかないジュース、具体的に言うと和歌山で当時現役の阪神の選手だった掛布《かけふ》がオレンジをボールに見立てて打っている「カケフオレンジドリンク」というのを見つけて、

「こんなの東京には売ってないなぁ」

とか言うことからなんとなく集め始めたのが、生来のしつこい性格からトンデモナイ事態になってしまったのだが。

海外旅行でもいつも鞄は空き缶でいっぱいで、Ｘ線検査の度に、

「ストップ、ストップ。ショーミーバゲージ、プリーズ！」

とか言われて、ガラガラ凄い音たてて鞄を開けて、

「マイコレクション、マイコレクショーンッ！」

とか言うと、たいてい缶の中をちょっと覗きこんで、

「オーッ！」

と両手を広げられて苦笑されるのがオチなのだが。

ともかく、そのおかげで家に広いスペースが必要なため、引っ越しを重ね、どんどんどんどこ都会からは離れていってるがな……。

ちなみに今後の俺の夢は、「世界缶ドリンク博物館」を作ることである。

しかしわしゃ、我ながら何をやっているのだろう。

ま、コンフュージョン・ウィルビィ・マイ・エピタフということで、ええか～。


さて話をそろそろ「たま」に戻そう。

それは〇一年の秋ぐらいの、「たま」とは別ユニットで俺がやっているライブの時であった。ライブは白熱していて、頭から自分にふりかけの「のりたま」をぶっかけて歌いながら結構激しく動きまわったり、長い竿のようなものの先にタンバリンをつけて客席に釣りのようにブルンブルン振り回したり、パーカッションぶっ壊して太鼓に跨《またが》ってそれを馬に見立ててパカパカ走らせながら歌ったりしていたのだった。

ライブはとても楽しかった。

しかし演奏が終わってしばらくしても心臓の動悸《どうき》が収まらないのだ。

次の日になってもなんだか様子が変だったので、医者に行き検査をしてもらったのだ。

一週間後、結果が出た。

医者は開口一番、こう言ったのだ。

「良かったですねぇ！」

俺は内心「へっ？」と思っていると医者が続けた。

「心臓への負荷値が通常の四倍ありました。これは心筋梗塞でその場でバッタリ死亡してもおかしくない数値です」

つまり、もう少しでステージ上で本当に死んでしまうところだったのだ。

「あなたはもう四十代だ、ということを自覚してください。二十代のつもりでやっていると命の保証は出来ませんよ。二十代での『百パーセントのがんばり』は四十代では二百パーセントにも三百パーセントにもなって、その対価は『死』なのです」

さすがにこの言葉は効いた。

今まで単純に「がんばろう」と思ってグータラではあるが自分なりの最大の力を振り絞ってがんばってきたつもりだったのだが、それは死をも招く可能性があったのだ。

俺はライブが好きだし、そこで精一杯のことを自分なりにやってお客さんが楽しんでくれればそれは最高に嬉しい事だったが、死んだらさすがに元も子も孫も曾孫もない。

ちゅーか、単純に死ぐのやだ。

やだやだやだやだやだやだやだよー‼

まあその後精密検査をしてもらったところ、特に心臓が普段悪いということではなかった。急激な運動が心臓への負荷値をグッと瞬間的に引き上げてしまったようだ。

なので特に今心臓が悪いということではないし、俺もそれ以降自分なりに体を微妙にセーブしてとにかく無理はしないよーにしているので、妙な気づかいとかは一切無用。

医者に「ちょっとアルコールは控え目に」と言われたぐらいで、とりあえず命にかかわるよーな体の病気はないので、その辺「大丈夫ですか？」とか言われるとかえって困ってしまってワンワンワワンなので、そんな声はかけないでくださいな〜。

だが事実として「年齢」は好む好まざるにかかわらず考えなくてはいけない、ということだけはハッキリとわかったのだ。

それでも俺の体の事はライブでの動きをセーブするなり、曲順を考えるなりでなんとかやりようがあるからいいとして、やはりその頃から少しずつバンドに変化が出てきた。

他のメンバーも俺ほどではなくとも四十歳前後の精神的・肉体的な階段のキツさがあり、それはその年になってみて初めてわかったこともそれぞれあったんじゃないかと思う。

体力だけではなく歌詞や演奏の単純ミス、高音がうまく出ないなどということはライブでも隠せず、なまじそれがスムーズにできていた過去の自分を知っているだけに、時に俺は自分にも他のメンバーにもジレンマを感じることもあった。

またそれぞれが新曲を持ってきてもなかなかグループ間で共通の納得のいくアレンジができない、ということも多かった。

これはやはり年齢ごとに各々の微妙な趣味の変化がより顕著になり、またそれが頑固になってきたせいではないかと思うのだ。

「俺はこういう感じがいいと思うんだけど」

「いやーそうかな。もうちょっとゆっくりめの方が……」

というように、なかなか前のようには簡単に共通のコンセンサスが得られることも少なくなってきた。

多分誰かはっきりとリーダーがいて、事実上他のメンバーはバックに近い形のバンド形態ならそういうことはあまりなかったかもしれないが、それは「たま」というユニットが元々ソロの歌い手だった者達の集まりということの宿命だったかもしれない。

そして、いい意味でも悪い意味でも創作活動においては「大人の妥協」が皆苦手だったと俺は思うのだ。

そんなことからすでに二年ほど前「解散」の話がちらと出たこともあった。

でもその時は話し合っていく間に「まだもうちょっと何かできるのではないか」という意見も出、俺達は「コラボレーション」をその活路のひとつとして求めてみた。

それまでにもフォークの友部正人さんやジャズの梅津和時《うめづかずとき》さん、八重山民謡の大工哲弘《だいくてつひろ》さん、フォルクローレのＭＡＹＡ、「たま」同様ジャンルが難しい原マスミさん等様々な人とやってきたことではあるが、さらに積極的にいろいろな人とセッションすることによってフィードバックできるものがあるのではないか、と俺は考えたのだ。

ちょうどそんな折、共演やセッションの話などもタイミング良く飛び込んできた。

具体的にはケラリーノ・サンドロヴィッチ（ケラ）さんとの芝居、近藤芳正《こんどうよしまさ》さんらとのダンス公演の音楽、その他アントン・ブリューヒン（口琴という楽器の世界的名手）、ワタナベイビー、トモフスキー、倍音Ｓ、早川義夫《はやかわよしお》さん、明和電機《めいわでんき》さんなどなど。

しかしやはり個人としては素晴らしい出会いばかりだったが、「たま」という「バンド」としては新しい方向性を発見することは残念ながら自分達の力不足か、できなかった。

結局、そうそう簡単に変化できるバンドでは最早なくなっていたのだ。

少なくとも俺自身は「新しくて面白いこと」を他の二人のメンバー間との共同作業においては発見できなかったのだ。

そういう意味ではスポーツ選手にも似ているのかもしれない。気力はまだ残っていても体力と、フォームを変えることへの限界を感じたのだ。

そしてバンドは何年経とうがなんらかの「新鮮さ」が一番重要だと俺は思った。

もちろん「大いなるマンネリズム」の面白さも逆にあって、解散の最後の最後まで楽しむことを俺はできたから、決してそれ以降のライブを惰性でやっていたわけではもちろんなかったのだ。

しかしやはり俺は「大いなるマンネリズム」の良さはわかりつつも、自分にとっての「新しいこと、楽しいこと」をやりたかった。

そしてあくまで俺の予想だが、他のメンバーにもそれぞれ差はあるにしても、そういう部分はあったのではないかと思うのだ。

なんせ「好きなことしかやりたくないも〜ん、へへ〜ん」のワガママな俺達なのだから。

船は次第にその速度を徐々に落としはじめていた。

〇三年の五月の或る日、その頃ユースケ・サンタマリア君、奥菜《おきな》恵《めぐみ》さん、井上《いのうえ》順《じゅん》さんらとやっていたケラさん演出の芝居の稽古の帰り道、知久君がボソッと言った、

「……俺、『たま』辞めます」

という言葉は、なにも知久君だけじゃなくて、Gさんからでも俺からでも誰から出てもおかしくないものだった。

一瞬の間のあと、

「うん……わかった……」

ふたりとも、小声で返事をした。

いや、もしかすると実際は声には出ていなかったかもしれない。

顔で「わかった」と言っただけかもしれない。

なぜなら俺達のバンド歳月は、もう言葉のいらない老夫婦の様な域に達していたのだから。

そして実際みんな「そろそろだよね……」というのは感じていたのだ。

むしろ感じながらも少し自分を誤魔化して、それを引き延ばしていた、という方が正確かもしれ

ない。

だから、その知久君の言葉にはすぐに皆、納得したのだ。

ソレガイチバンタダシイホウコウダトオモッタノダ。


春は終わったけど夏とも言えないエア・ポケットのような季節の中、錦糸町駅に向かって工場や昔ながらの家並みの続く道をただ三人でポクポクと無言で歩いていった。

散り終わった桜の葉がしゃらしゃらと俺達の周りを舞い飛んで水たまりに落ちていった。横をおっちゃんバイクが通り抜けた。

端から見ればみんなただの中年親父だろうが、お互いが顔を突き合わせている時、三人の中ではいつだっていつだって二十代のままで時計は止まっていた気が俺はしていた。

駅に近づくとどこかのシャレた店から宇多田《うただ》ヒカルの軽快な曲が流れていた。そして宇多田ヒカルはこの数ヵ月後に結婚してしまったが、考えてみると、俺達がバンドを結成した頃に生まれた人なのだ。

そういえばこの前の年、久しぶりに数万人の観客を呼ぶ「ライジング・サン・ロック・フェステイバル」（通称「エゾ・ロック・フェスティバル」）という大きなイベントに呼ばれて俺達は出演した。

その時、ふとパンフレットを見て気がついたのだった。

井上陽水《いのうえようすい》さんや忌野清志郎《いまわのきよしろう》さんら個人で出ている人を除いて「バンド」ということでみてみると、何十組という出演バンドの中でいつの間にか俺達が平均年令が一番高い、言わば「最年長バンド」になっていたということに。

バンド結成十九年。

あのビートルズですら、実は活動していたのは十年もなかったのだ。

その倍近い時間を楽しんで活動できた事は本当に幸せだった。

そして奇しくも「たま」が解散を発表したその月に、俺に最も影響を与えたアーティスト「突然段ボール」のリーダー蔦木栄一《つたきえいいち》氏が肝硬変の為、四十九歳の若さで夢の渚へと旅立っていったのだ。

自分の死を悟った時、彼はメンバーである実の弟に、

「肉体の死は死じゃないから」

と言ったそうだ。

俺はそれから数日して、別に彼の死と何の関係もない普通のテレビを見ている時、突如日常が崩れていく感触に襲われた。

「……馬鹿だなぁ。死ぬだなんて！」

そして彼の言葉を繰り返していた。

「肉体の死は死じゃない。肉体の死は死じゃない。肉体の死は死じゃないっ！」

突然、涙が止まらなくなってしまった。


「たま」のラストライブは盛況だった。

デビュー時の事務所の社長やホールツアーでのスタッフをはじめ、様々な懐かしい人達もやってきてくれた。

最終日でアンコールをやろうとしたらマネージャーが袖にやってきて、

「ホフディランのワタナベイビー君が、どうしても一曲セッションで飛び入り参加させてほしいって」

と言うので、

「じゃあ、『おやすみいのしし』でもやってもらおうか」

ということでステージに戻った俺達はベイビーを呼んだ。

するとベロベロに酔っぱらった様子の彼はいきなりピアノを弾きはじめ、「さよなら人類」を歌い始めた。

一応「たま」は「自作曲自分ボーカル制」なのでこの「さよなら人類」という「たま」で一番のヒット曲は、柳ちゃんが辞めた時点で「たま」のレパートリーではなくなっていたのだ。

しかし演奏が始まってしまってはしょうがない。メンバーも苦笑しながら一所懸命コードを思い出し、彼に合わせて演奏した。

でもこれは結果的によかったと思う。

なぜならこういう他者からのハプニングでもなければ、決して演奏できない曲だったからだ。

若いファンの人達は、この曲がヒットした頃まだ子供だったり、極端な場合まだ生まれてなかったりしていたので、逆に新鮮だったと思う。

というか、「たま」を「ちびまる子ちゃん」のエンディングテーマやＮＨＫの「おかあさんといっしょ」で初めて知り、この曲も柳ちゃんの存在すらも知らないという世代までいたのだから。

観客は沸いた。

中間部の即興のところでベイビーは、

「辞めないで〜『たま』を辞めないで〜」

と繰り返し歌っていた。

それを聞いて泣いているお客さんもいた。

そして、最後のアンコール曲であるＣＤ未収録の「ヒゲのある暮らし」というふざけた歌が終わった時、俺は挨拶をしステージを去る途中で、

「なんか、暑いね……」

と独りごちてステージで二度と着ることのないランニングを、ゆっくりと脱いでマイクスタンドにかけたのだ。

後ろで悲鳴のような声が聞こえていたが、俺は振り返ることはしなかった。


「たま」は、一艘の船だったのだ。


最初は三人が乗っていた。

途中でひとりが乗り、ひとりが降りた。

予想を遥かに超える大波が襲ってきたこともあった。

凪《なぎ》の日もあった。

でもさすがにそろそろ老朽化してきたようだ。

二〇〇三年十月、俺達は船を降りることにした。

そして挨拶もそこそこに、もう新しい大地をそれぞれ夢中になって歩き始めている。


知久君も行ってしまった。

Ｇさんも行ってしまった。


俺はひとりでちょっとそこに佇《たたず》んで、久しぶりに、本当に久しぶりにひとりで道を選んで歩きはじめようとしていた。

すると、

「ひとりじゃないよ」

妻が、いつのまにか俺の横で、笑って、立っていた。

あとがき

デキソコナイの行進

作詞・作曲 石川浩司　編曲 たま

デキソコナイ達が行進していくよ
とても楽しそうに旗を振りながら
でも旗をつけ忘れたのでそれはただの棒だよ
ただの棒を振りまわしながら行進しているよ

ラッパを吹きながら行進していくよ
調子っ外れの音が空に響き渡るよ
夢中になって吹いているので
大人になったのに誰も気づいてないよ

頭がぼさぼさでも

シャツがはみ出てても
気にしない
大丈夫だよ

やがてデキソコナイ達の歩調と角度がずれてゆく
空にはカラス　カァーと輪を描いた
いつのまにかひとりひとりてんでバラバラ
馬鹿だね　それじゃもう行進じゃないよ

デキソコナイ達の行進がゆくよ
デキソコナイ達の行進がゆくよ
地球は丸いからいつかまた会おうね
バイバイ　バイバイバイバイバイバイ
バイバーイ！

増補改訂版

書き下ろし

「たま」という船を降りてから

「たま」が解散したのが二〇〇三年、そして今年は二〇二三年。あっという間に二十年という月日が経ってしまいました。まさか二十年経って僕も還暦を超えてこの本が復刻するとは思っていませんでしたが、ともかく「『たま』のかけら」達が今どうなっているかをまずはお伝えしようと思います。

結果を先に言うと、全員が今もソロなどで元気に活動させてもらっています。音楽を辞めて全く別の仕事に就いたり、音楽に関わっていてもプロデューサーとかスタジオミュージシャンなどではなく、独立したシンガーソングライターとして今でも全員が活動をしていることは、奇跡に近いかもしれません。

知久寿焼はソロライブも活発で、昨年ちんどん太鼓などをバックにつけた「ちくちんどん楽団」でアルバムも発表しました。僕と同じく「パスカルズ」でも活動し、ＣＭ仕事も多く、彼が歌った「ヒガシマルうどんスープ」の歌を耳にしたことがある人も多いのではないでしょうか。

滝本晃司はギターやピアノの弾き語りを中心にソロアルバムも数多く発表し、「echo-U-nite《エコーユナイト》」というバンドではベースも弾いています。またヨーロッパ企画という劇団の音楽制作なども行い、プライベートでは孫も生まれ、アルファベットの「Gさん」ならぬ漢字の本当の「爺さん」になって幸せな日々を送っています。

柳原陽一郎もソロアルバムを多数発表し、ジャズバンド「Warehouse」とのコラボレーションやオルケスタ・リブレによる音楽劇などにも参加、「たま」時代の曲のセルフカバーアルバム『ふたたび』も発表しています。

お客さんからよく聞かれる質問「『たま』は再結成しないのですか？」ですが、今のところメンバーの誰からもその話は出ていません。ただ、実質的に瞬間再結成的なことは何度かありました。柳原は「脱退したのに他のメンバーと気軽に絡むと、いろんな方面から『こっちでもやってくれ』ということになるので、やりません」という話を人伝《ひとづて》に聞いたので四人「たま」は実現していませんが、解散時の三人のメンバーでは、一九九八年に行った壱岐でのファンクラブツアーのお土産に「十年後のライブの招待券」をプレゼントしたので「解散はしたけれど、約束は守らねば」ということで二〇〇八年に「たまの10年前の約束ライブ」を開催したのを皮切りに、『ろけっと』のアルバムジャケットを描いていただいたイラストレーターの山口《やまぐち》マオさん主催の千葉県千倉でのイベントや、メンバー全員がお世話になっている京都のSOLE CAFEというライブハウスが企画したイベントなどに三人がソロで呼ばれる形なのですが「どうせ三人いるなら、いっちょセッションでもやりますか」という流れで事実上の「たま」の形で演奏も何度か行われています。

ただ、これらはどれも今までお世話になった人が主催で、尚且つ三人のソロライブのおまけとして行われたものなので、まったく知らない人が「『たま』の形でライブやってください」というオファーだったら、受けることはなかったでしょう。


柳ちゃんとは事務連絡などをメールで取ることはあるものの、直接は会っていなかったのですが、二〇一九年にその日同じ下北沢の別のライブハウスでそれぞれライブがあり、表敬訪問ということで終演後に僕が彼の楽屋を予告なく急襲しました。二十四年ぶりの再会でしたが、相変わらず昨日も会ったような感じで「ヨォ！」と雑談に明け暮れ、ゲラゲラ笑いあいました。若い時代を長く共に一緒にいると、歳月なんかあっという間に吹き飛んでしまいますね。

二〇一〇年には『たまの映画』というドキュメント映画も制作されました。これはタイトルに偽りありで、実は「たま」は一切出てきません。「たま」の柳原を除くメンバーの解散後のソロ活動を追った作品でした。それぞれのライブなどに半年間監督が密着し、撮影したものです。これが商業映画第一作となった今泉力哉《いまいずみりきや》監督は、現在では恋愛映画の旗手として引く手あまたになっています。この映画をＤＶＤ化した時、瞬間的に日本のドキュメント映画ＤＶＤの売上でＡＫＢなどを抜いて一位になるなど、マニアックなファンがまだいたんだな、ということも印象に残っています。

　さて、僕と知久君が参加している「パスカルズ」について少しお話ししましょう。本文にも書きましたが、たま解散の数日後には「パスカルズ」の一ヵ月にも及ぶヨーロッパツアーに出ているので、解散の感傷などにふけっている暇はまったくありませんでした。なおかつ横を見れば、いつでもそれまでと同じく知久君がいるので、何も変わっていない錯覚すら覚えました。

「パスカルズ」でサマーソニックという大きなフェスに出演した時のことです。「たま」解散のライブでランニングシャツを封印した僕は、普段はちょっと変なＴシャツなどでステージに出ていましたが、この時は「久しぶりの大舞台なので気合いを入れるか！」と、妻のワンピース型の水玉模様の水着でステージに上がってみました。その姿にお客さんもニヤニヤしてくれ、僕も大満足でした。

　ところが演奏が始まってふと女性メンバーを見てみると、なんだか僕の方を見て不審げな顔をしているのです。確かに女ものの水着姿はおかしいですが、その手の変な格好や行動を僕はトリックスター的に普段もしているので、それくらいのことに動じるはずはなく、また何かそういうものとは違う視線を感じたのです。「おかしいなぁ」と思いながら元気に踊りながらパーカッションを叩き始めた僕は、すぐその原因に気づきました。

「玉が、出てるぅぅ〜っ！」

　女性用の水着をそのまま着た僕は男女の水着の差に気づいていませんでした。股間から元気よく玉が飛び出していたのです。

「『たま』は解散したのに、玉は解放されとるぅぅ〜っ！」

　僕は慌ててステージ後方に行って、ギュウギュウと玉を押し込みました。ところが演奏を始めると、また「ボクはここにいるよっ！」と元気にビヨヨヨ〜ンと彼は飛び出てくるのです。

「やっちまった……」

　意図はしていなかったものの、さすがにおふざけとしてはこれはやり過ぎです。と、終演後にバンマスのロケット・マツさんが僕の方にやってきました。僕が「ごめんなさい、やり過ぎました」

と謝ろうとしたその瞬間です。マツさんが「浩司、ゴメン……」と言ってきました。ポカンとしている僕に、マツさんは続けて言いました。

「浩司が玉まで出してがんばってくれたのに、僕は演奏しかできなかった……」

違う、違うんです！　僕はわざとやったパフォーマンスではないのです。そしてマツさんはそういうキャラじゃないのだから、なんか変な物は出さないでください〜〜〜。

「パスカルズ」の海外公演は今まで八度ほど行われています。正直、日本よりも海外の方が動員も多く、大きなフェスにもよく出させてもらっています。日本では多くても五百人程度の動員ですが、ポルトガルではワンマンで七千人近くの動員をしたこともあります。

ある時のフランスでの野外フェスでは僕はフラダンスよろしく上半身裸で、下半身には腰蓑を付けて演奏していました。すると興奮した女性のお客さんが、やおら自分のブラジャーを剥ぎ取ると、ステージに投げてきたではありませんか。僕は冷静にそれを拾うと、そのまま自分の胸にそれを付けました。そしてその後、上はブラジャー、下は腰蓑という姿になり、ヨーロッパ各地を周りました。そして最終公演はイギリスでした。会場が熱気に包まれた最後の曲で、僕はそのブラジャーを外すと会場に「ほおりゃっ！」と投げ込みました。これが後に「ドーバー海峡を渡ったブラジャー」という伝説になりました……かどうかは定かではありませんが（笑）。

さて、ひょんなことから僕に映画の話もきました。大林《おおばやし》宣彦《のぶひこ》監督の『この空の花 長岡花火物語』という作品で、僕に山下清役で出てほしいと言うのです。僕の「たま」時代の格好はよく山下清と言われていて、彼の真似をしたわけではないのですが、山下清自身の生き方や作品も好きだったので、即座にお受けしました。時は二〇一二年。ランニングシャツを脱ぎ捨てた僕ですが、役どころなので久しぶりに衣装としてのランニングシャツに袖を通しました。するとどうでしょう、このフィット感。体に吸い付くというか、まるで僕の皮膚のような感覚にまで襲われました。そこで僕は確信に近いものを感じました。「『たま』解散以来、僕は自分を偽っていた。水着や腰蓑ブラジャーは、僕の本当の姿では無い！」そう思って映画を撮り終え、翌年、タイのチェンマイに知久君と行く機会があったので、思い切って知久君に打ち明けました。「『たま』解散からちょうど十年。……実はランニング姿に戻ろうと思うんだ」と拒否られることも考えながら僕がオドオドと話すと、知久君はあっさり「あっ、いいんじゃない？」と言って、市場に行き、僕に似合う形のランニングシャツを選んでくれました。それ以来、僕はまたランニング姿に戻り、今もステージでは常に着るようになったのです。

話は少し戻り、その『この空の花　長岡花火物語』に出た時、最初の脚本にはまったくなかったのですが、大林監督が言いました。

「そういえば石川くんは、なんかバンドもやっているんだよね。花火を打ち上げるシーンの賑やかしとして、バンドメンバーを呼んでくれないか。大勢の観客の中にポツリポツリとメンバーがいて、少しずつ演奏が始まり、最後は大団円にしたいんだ」

そこで急遽「パスカルズ」のメンバーを呼びました。急な出演依頼だったので全員は揃わなかったのですが、その音楽を大林監督はたいそう気に入ってくれたようで、その後の「パスカルズ」ライブにも家族で頻繁に訪れていただき、遂には「次の映画には、『パスカルズ』全員で出てくれ。主題歌も頼む！」ということになりました。そこで次の作品『野のなななのか』では野原の楽隊として全員で出演し、主題歌の作詞は僕がやらせていただきました。

闘病生活を長く続けながら映画撮影を続けていた大林監督は、二〇二〇年に亡くなりました。奇しくもそれは僕が最初に組んだバンド「ころばぬさきのつえ」の相方、山下由がやはり病気で逝ったのと同じ日でした。そして監督が亡くなる前に何度か言われたことがあります。それは「僕が亡くなる時に石川くんの『オンリー・ユー』を耳元で歌ってくれ」というものでした。残念ながら今際の際にそれを歌うことは叶いませんでしたが、僕のその歌詞を一部紹介したいと思います。

オンリー・ユー　死なないでよ
オンリー・ユー　死なないでおくれ
たとえ下半身不随になって　シモの世話も何もかもしなくちゃならなくても
生きてておくれ　オンリー・ユー

ちなみに「パスカルズ」は昨年二〇二二年は荻上直子《おぎがみなおこ》監督の映画で松山《まつやま》ケンイチさん主演の『川っぺりムコリッタ』と、沖田修一《おきたしゅういち》監督の映画でのんさん主演の『さかなのこ』、そしてＴＢＳドラマで堤真一《つつみしんいち》さん主演の「妻、小学生になる。」の作品の音楽を担当し、いずれもサウンドトラックＣＤが発売され、一年間で三枚もアルバムが出るということになりました。一九九五年結成ですから、二十七年間かけてようやく少し陽の目を見た感じです。継続は力なりですね。

「パスカルズ」以外の活動ですと、僕はギター弾き語り中心のソロで「出前ライブ」というのをやっています。これは僕のホームページに記載されている定額の出演料を払えば、どこにでも行って歌ったり、ガラクタパーカッションとセッションしたりができるというもので「自分の値段を公表している人なんていないよ～」というミュージシャン友達の言葉を尻目に、交渉のめんどくささが嫌で金額を決めてやっています。国内はもとより海外などにも呼ばれたので、僕の音楽に興味のある人や、一緒に何かやってみたい人は是非僕のホームページをチェックしてください。ちなみに素人の方の企画優先ですので、誰でも、気軽に連絡をくださいね。

それ以外でも僕はいくつもバンドに関わっています。いろんな人と微妙に違うジャンルの音楽をすることが、僕は本当に大好きなのです。楽しみはひとつじゃなくて、たくさんあった方がお得ですからね。

現在活動継続中のものですと、まずは子供のくだらない下品さと、老人の哀愁を併せ持ったキテレツユニット「ホルモン鉄道」。本編でも登場した同い年のオッサンの大谷氏とふたりで、時にパンツ一丁になり腹太鼓などを叩きながら踊り歌うようなユニットで、ＮＨＫの子供番組などにも出演しました。

そして「イカ天」でキングになった三人のメンバー、「たま」から僕、「サイバーニュウニュウ」

からギターのメカエルビス、そして「宮尾すすむと日本の社長」からボーカルの黒沢伸《くろさわしん》で結成された「メカイシン」はロックバンドです。

「東京パノラママンボボーイズ」で、日本で唯一の公認サンタクロースであるパラダイス山元《やまもと》と、「ワハハ本舗」の座長である大久保《おおくぼ》ノブオと組んだ「荻窪ヒッターズ」はライブでは演奏よりトークの時間の方が圧倒的に長いというパーカッション三人のバンド。

「パスカルズ」のバンマスのロケット・マツとふたりでやっている、ピアノとパーカッションだけのちょっとジャズテイストの「イシマツ」ではふたりでピアニカの合奏もしたりします。

二十代のアイドルで、ライブハウス店長のとやまあおいがボーカルで、安田太《やすだふとし》、もぉりぃとやっているポップスバンド「Mont.Barbara《モンバーバラ》」も既に三枚のアルバムを発表。

琴子《ことこ》・弥子《やこ》の実姉妹の「団地ノ宮」と、全員上から下まで真っ白な衣装で、ノスタルジックでアンビエントな音楽を聴かせる「ホワイトズ」。

また同年代の女性みっち。（シンガーソングライターのハシケンの実姉）とふたりのデュオグループ「おやつ」などもやっています。

今井次郎《いまいじろう》さんとふたりで組んだアヴァンギャルドパフォーマンスユニット「DEBUDEBU」は残

念ながら今井さんが病気で死去のため解散しましたが、その後、彼は『芸術家・今井次郎』というドキュメント映画になり、僕もちょっと出演していますので、機会がありましたらご覧ください。

十代のアイドルの女の子ふたりと五十代の時に組んだアイドルユニット「えんがわ」では、いくつものアイドルイベントなどに場違いなオッサンとして出演したりもしましたが、メンバーのひとりが引退したため、活動は終わってしまいました。

短期間の活動でしたがアルバムも出した「THE LOCAL PROJECT」では、時に演歌なども歌いました。

そんな多彩な活動をしながら、愉快に人生を送ってこられたのは本当にラッキーでした。今後も頭と体が動く限り、活動は続けていく所存です。

そして昨年、本書を原作として、原《はら》田《だ》高《たか》夕己《ゆき》先生が作画をした漫画版『「たま」という船に乗っていた　さよなら人類編』が出版されたのは本当に驚きでした。元々出したこの本書は、当時ほどなくして絶版になりましたが「まあ記録として残せたからいいや〜」くらいに思っていたのですが、「たま」のファンは数は多くなくても熱狂的に残っていたのです。そのコミックも反響が大きかったおかげで、本書も復刻されることになり、その双方の編集を担当していただいた双葉社の平田《ひらた》さんには、本当に感謝です。

そういえば僕のライブなどにも、「たま」がテレビなどに出ていたデビュー当時にはまだ生まれてすらいなかった、十代、二十代の人たちもやってくるのです。マニアックな音楽をやっていたからか、ブームに関係なくどの時代にも一定数のファンがいるということは本当に嬉しかったです。若い人たちに「なんで『たま』を知ったの？」と聞くと、たいてい親がCDを持っていて子供の頃からなんとなく聴いていたか、「お前、変な音楽好きだろ、聴いてみろよ」と言われてYouTubeなどで「たま」を検索してハマった、という人が多いようです。

さて、今この本の最終チェックをしている現在、僕はタイのチェンマイという街にいます。毎年二月、日本が一番寒い時期は、寒いのが大の苦手な僕は、まるまる一ヵ月この南国の土地にここ十数年避寒しにきてるのです。これもなんの会社にも集団にも属せず、個人でスケジュールを決められる、グータラな僕の特権かもしれません。

でもその二月は妻の誕生日もあるので、その日だけは日にちが変わった瞬間にバースデイメッセージを送るために、震える手でパソコンの送信ボタンを押す準備だけは、決して決して忘れてはなりません。

結婚時「100年一緒に遊ぶ」と言ったので、まだあと六十五年ふたりでふざけながら暮らしたいと思っていますからね。

さあ、ちょっと外に出て、好物の屋台のカオソーイでも食べに行きましょう。

僕は、本当に、産まれて良かったなあ。

増補改訂版あとがき

ラザニア

作詞・作曲 石川浩司

とても不器用だった
産まれて良かったね
体の一部が不自由だった
産まれて良かったね
みんなにいじめられた
産まれて良かったね
性同一性障害だった
産まれて良かったね
親が人殺しだった
産まれて良かったね
親に捨てられた

産まれて良かったね
死んだ方がましだと思った
産まれて良かったね

ラザニアが今日はうまく焼けたよ
ラザニアが今日はなんだかおいしく出来たよ

産まれて良かったね
産まれて良かったね
産まれて良かったね
産まれて良かったね
産まれて良かったね

産まれて良かったなあ

石川浩司年表

1961年（0歳）
七月三日東京都港区の虎ノ門病院に逆子で生まれる。自宅は目黒区。

1962年（1歳）
神奈川県藤沢市に転居。初めてのハッキリした記憶は、幼稚園に行く途中に犬のウンコを踏み、それを友達に見つからないように園庭の片隅で木片でコシコシと落としているという寂しい光景。
また三歳までに肺炎を五回、幼稚園時代も毎週のように四十度近い熱を出す虚弱児だった。体温計の目盛りの四十二度を突破し「今夜が峠ですね」という死の宣告を受けたことも。なので今生きているだけで儲けものである。

1968年（7歳）
小学校入学。非常にシャイで先生の前では一言も話せないような児童だったため、親が学校に呼ばれて「このままでは大人になった時、社会性が無さ過ぎて大変なことになる」と言われる。IQテストはクラスで一番。

1969年（8歳）
群馬県前橋市に転居。入学した小学校で転校早々、担任の先生が僕が休んでいる時に「よそ者の石川君とは遊ばないように」とホームルームで通達。先生主導でいじめられる。

1972年（11歳）
前橋市内で転居。図工の「自分の顔を石膏に彫る」授業では彫刻刀で逆の手を何度も彫り血だらけになって保健室に連れて行かれ「もう授業を受けないでくれ」と言われ、家庭科で雑巾を縫う授業では一時間かかっても雑巾を縫うどころか針に糸も通せない不器用さでみんなに笑われるが「これは武器になるぞ」と不器用をあえて見せつけたところ、「こいつおもしれー」と友達が一気に増えた。

1974年（13歳）
中学校入学。観光パンフレットを集め始める。おこづかいを全部注ぎ込み、ハガキを買って各市町村役場の観光課に「パンフレット送ってください」と送り、部屋中をパンフレットで埋める。旅が好きだったが子供がひとりではなかなか行けなかったので想像で旅をするため。

1976年（15歳）
作詞を始める。詞が「前橋市民の歌」に選ばれ、僕の歌が大ホールで声楽家によって歌われる。

1977年（16歳）
ラジオの深夜放送やミニコミ誌の投稿にのめり込む。夜中まで起きていたので高校は雨の日と風の日はさぼって家でグースカ眠っていた。演劇部に所属、脚本なども書いた。

1978年（17歳）
文化祭で僕主導で仮装行列「米押し達磨」をやる。校長先生に「地元名物の達磨なども出て」と褒められたが、後日担任に呼び出され「石川、やってくれたな」と言われる（※コメオシダルマは逆さま読みしてみてください）。

1979年（18歳）
夏休みはお金を使わずに行ける旅としてサイクリングを頻繁にしていた。群馬から徳島までひとりで一週間かけて行き、途中の京都で交通事故にあって股間を強打、静脈破裂して玉が一時的にひとつ増える。学園祭で「月の沙漠」を歌う。一番は学生服を着て朗々と歌い、二番でいきなり演奏がパンク調になり、学生服を脱ぐやラクダの股引になって熱唱、バカ受けしてステージの楽しさを知る。
不器用故ギターが弾けなかったが三上寛のライブを観て「コード三つでもいけるんだ！」と思い曲作りを始める。

1980年（19歳）
茨城県に転居。浪人生だが筑波大学にあった芸能山城組に所属。民族音楽系のコーラスや太鼓などを習うが自分が集団に向いていないことも自覚する。
毎日ひとりでバイクをかっ飛ばすもすっ転んで「自分は運転に向いてないなあ」と思い免許はポーンと捨てる。

1981年（20歳）
ひとりで上京して高円寺に住む。ギター弾き語りでライブハウスのオーディションやオープンマイクに出まくる。今も付き合いのある大谷氏、知久寿焼、とっちゃん、あかね、山下由、青木タカオ、とうじ魔とうじなどの癖のあるミュージシャンとすぐに知り合う。自主カセットテープ『あまったデモテープ』発表

1982年（21歳）
マイナーなミュージシャンを集めて行うコンサートシリーズ「地下生活者の夜」を山下由と始める。ゴミ捨て場で太鼓を拾ったことから人生が変わる。その太鼓を持って山下由とメンバー不定のパフォーマンスユニット「ころばぬさきのつえ」を始める。シーツ袋の中に入ってモゴモゴ演奏したり、ハサミにピックアップを付けて僕の髪の毛をジョキジョキ切る音に合わせて歌ったりした。

1983年（22歳）
自室のアパートは常にマイナーアーティストの溜まり場となり「ここに来ると仕事も学校も行きたくなくなる」と皆に「魔法の部屋」と命名される。
「ころばぬさきのつえ」初の西日本ツアー決行。観客がゼロでもかまわず演奏。
「ころばぬさきのつえ」にてカセットアルバム『はやおきはさんもんのとく』と『かほうはねてまて』発表

1984年（23歳）
「地下生活者の夜　第25話」にて知久寿焼、柳原陽一郎と一回こっきりのセッションの予定で「かきあげ丼」名義でライ

ブをすると評判が良かったので、バンド名を「たま」に代え活動開始。尚この「かきあげ丼」名義のライブ盤はそのまま「たま」名義で『またたび』というカセットアルバムにして発表

1985年（24歳）

この頃から自分の飲んだドリンクの空き缶コレクションを始める。また毎日一食インスタント麺を食い「麺日記」をスクラップに貼っていた。

「たま」でカセットアルバム『ねこばば』発表。これには既に「さよなら人類」「らんちう」「学校にまにあわない」「ロシヤのパン」「かなしいずぼん」など「たま」の代表作が収められていた。カセットアルバム『ふろく』も発表

1986年（25歳）

「たま」に滝本晃司が加入。「曼荼羅」のマスター中野さんに見染められ月例会ライブなど、さらに活発に活動を続ける。

「たま」でカセットアルバム『さるぼぼ』発表

1987年（26歳）

初めて頭を丸刈りにする。これ以降山下清と言われるようになる。

この頃から「すごろく旅行」を毎年のように始める。

1988年（27歳）

ドブ川で出会った妻と結婚して埼玉県に転居

「たま」でカセットアルバム『たゆたひ』発表

「たま」でナゴムレコードよりアナログEP『でんご』発表

舞台　少年王者舘＋たま合同公演「メンキ」出演

1989年（28歳）

ナゴムレコードより初めてのアナログアルバム『しおしお』発表。

「たま」でテレビのアマチュアコンテスト番組「イカ天」（いかすバンド天国）に出演、五週勝ち抜き、グランドイカ天キングになる。まわりの環境が一変する。

舞台　劇団まるまる行進曲「どっちに逃げた?」出演

1990年（29歳）

この年は元日（イカ天大賞で大賞受賞）も大晦日（レコード大賞で新人賞を受賞）も武道館のステージにいるという激動の一年だった。「さよなら人類」が大ヒットし、「たま現象」という言葉は『現代用語の基礎知識』にも収録されるほどのブームとなった。紅白にも出演、ジャーナリスト竹中労による評論本『「たま」の本』も出版された。

CD　たま『さんだる』（アクシック）

1991年（30歳）

初めての全国四十ヵ所という長い「ひるねでグー」ツアー

CD　たま『ひるね』（アクシック）

CD　たま『きゃべつ』（アクシック）

『たま写真集 きゃべつ』（小学館）出版

1992年（31歳）

事務所を独立、有限会社たま企画室を設立、取締役に就任（メンバー全員取締役）

CD　友部正人&たま『けらいのひとりもいない王様』（アクシック）

CD　たま『犬の約束』（東芝EMI）

CD　たま『まちあわせ』（アクシック）

1993年（32歳）

CD　たま『ろけっと』（東芝EMI）

『たま詩集』（思潮社）出版

『ひまのつぶしかた―ぜいたくしない123のしあわせ』（ネスコ）出版

『たまの月経散歩』（角川書店）出版

1994年（33歳）

「たま」で通常のライブ会場以外の場所（寺、能楽堂、映画館、トラックの荷台など）で公演する「どこでもツアー」始める。

牧場の干し草倉庫の中に作ったステージの演奏中、舞台後ろのイントレに鉄柵をカンカン叩いて上っていったところ奈落まで落下、あと一歩で虹の橋を渡るところだった。

1995年（34歳）

「パスカルズ」結成。「石川浩司＋突然段ボール」で活動開始

初めての海外公演、「たま」でニューヨーク公演

CD　石川浩司＋突然段ボール『ワカラナイ』（日本カセットテープレコーディング）

CD　たま『そのろく』（地球レコード）

1996年（35歳）

「ホルモン鉄道」結成

「たま」でパリ公演

CD　石川浩司&大谷シロヒトリ『ホルモン鉄道』（OKレコード）

CD　たま『たま』（パイオニアLDC）

初の単独著書『イラスト図鑑　インスタントラーメン』（同文書院）出版

『すごろく旅行のすすめ』（筑摩書房）出版

1997年（36歳）

CD　たま『パルテノン銀座通り』（パイオニアLDC）

CD　パスカルズ『こりすちゃん・でおーる』（オフィス・ロケッタ）

1998年（37歳）

この頃フロッピーディスクで喋る絵本『ある朝起きたら』『へら』など自主制作で販売

CD　たま『いなくていい人』（地球レコード）

1999年（38歳）

「たま」でネパール公演

ホームページ「石川浩司のひとりでアッハッハー」開設

CD　たま『LIVE IN NEW YORK』（地球レコード）
舞台　ナイロン100℃『薔薇と大砲～フリドニア日記♯2～』出演

２０００年（39歳）
プロデュースしたへなちょこアート雑貨店「ニヒル牛」西荻窪に開店。オーナー店長は妻の石川ある。新しい店舗形態（レンタルショーケース）として様々なテレビで取り上げられる。
CD　たま『東京フルーツ』（地球レコード）
CD　たま『しおしお』（復刻）（ナゴムレコード）
CD　たま『でんご』（復刻）（ナゴムレコード）
CD　たま『Best Selection』（パイオニアLDC）
『すごろく旅行日和』（メディアファクトリー）出版

２００１年（40歳）
「パスカルズ」で初のフランス公演。僕のステージパフォーマンスを観てシルク・ドゥ・ソレイユからオファーが来るもサーカス団に売り飛ばされるのが怖くて断る。
CD　石川浩司＋突然段ボール with おにんこ『管轄外』（日本カセットテープレコーヂング）
CD　たま『しょぼたま』（地球レコード）
舞台　青山円形劇場プロデュース「室温」出演

２００２年（41歳）
CD　石川浩司（朗読）『雨の日の水族館』（メルダック）
CD　たま『室温～夜の音楽～』（地球レコード）
CD　パスカルズ『パスカルズが行く』（オフィス・ロケッタ）
映画　『害虫』（塩田明彦監督）出演

２００３年（42歳）
「たま」解散。しかしその数日後には三週間に及ぶ「パスカルズ」のフランス・スイス公演に出かけ、解散を惜しんでいる暇なぞ全くなかった。
呼ばれればどこにでも行く、ソロの出前ライブ始める。
CD　たま『たまセレクション』（クラウンレコード）
CD　たま『しょぼたま2』（地球レコード）
CD　石川浩司『おいしいうそがいっぱい』（ウキュピレコード）
映画『アイデン&ティティ』（田口トモロヲ監督）出演
舞台　劇団ダンダンブエノ「いなくていい人」出演
舞台　ホリプロ＋ナイロン100℃合同公演「ドント・トラスト・オーバー30」出演
『おとなのなぞなぞ』（主婦と生活社）出版

２００４年（43歳）
石橋幸シベリア公演参加。
舞台　クリオネプロデュース「バット男」出演
舞台　グッチ&ボッチ+グループ虎「マガブルタンツ」出演
『「たま」という船に乗っていた』（ぴあ）出版

２００５年（44歳）
「パスカルズ」でフランス・スペイン・ベルギー公演
タイのチェンマイにて寒い二月に一ヵ月ひとり暮らし開始。現在も継続するグータラな早隠居の日々。
「ニヒル牛2」開店。五年間に及ぶ一日一冊読書行達成。
CD　パスカルズ『どですかでん』（オフィス・ロケッタ）

２００６年（45歳）
「パスカルズ」でフランス・ドイツ・イギリス公演
舞台　グッチ&ボッチ+グループ虎「真夏の夜の夢」出演
舞台　東京ギンガ堂「夢～歌舞伎町物語」出演
舞台　劇団うわの空・藤志郎一座「雰囲気のある死体」出演
舞台　劇団うわの空・藤志郎一座「12人はご機嫌ななめ」出演

２００７年（46歳）
「ニヒル牛」が経営指導した上海「牛心」にてソロで初の海外公演
舞台　劇団うわの空・藤志郎一座「桜-SAKURA-」出演

２００８年（47歳）
ソロでチェンマイ公演
「パスカルズ」でフランス・スペイン公演
CD　石川浩司&大谷氏『ニューホルモン鉄道』（荒野レコード）
CD　パスカルズ『Live vol.1 ハイセンス・シューズ』（オフィス・ロケッタ）
舞台　シアターコクーン公演「どん底」出演

２００９年（48歳）
ロケット・マツと釧路で「イシマツ」結成
CD　パスカルズ『水曜日』（オフィス・ロケッタ）
CD　パスカルズ『ふらんす de でおーる』（オフィス・ロケッタ）

２０１０年（49歳）
映画　『たまの映画』（今泉力哉監督・ドキュメント）出演
舞台　劇団おしゃれ大学「DOUBLE FARM LIFE」出演

２０１１年（50歳）
「DEBUDEBU」結成。翌年相方の今井次郎さん死去のため、数回のライブだけの幻のユニットとなった。
映画　『善人』（加藤行宏監督）出演
舞台　LA・TATAN舎の「お絵描きサーカス団」出演

２０１２年（51歳）
「パスカルズ」でオーストラリア・ニュージーランド公演
CD　パスカルズ『17才』（オフィス・ロケッタ）
映画　『劇場版 SPEC～天～』（堤幸彦監督）出演
映画　『この空の花 長岡花火物語』（大林宣彦監督）、山下清役で出演
舞台　LA・TATAN舎の「お絵描きサーカス団福島復興公演」出演
舞台　シアターコクーン公演「祈りと怪物」出演
『ウヒョヒョヒョお悩み相談室』（ニヒル牛）出版

２０１３年（52歳）
ランニング姿復活。ソロ&セッションでタイ公演

ふなっしーや灰野敬二など、ジャンル問わずセッション。

2014年（53歳）
ソロ&セッションでタイ公演
「パスカルズ」でフランス・スイス・ポルトガル公演
CD　石川浩司&大谷氏『Go!Go!ホルモン鉄道』（荒野レコード）
映画『野のなななのか』（大林宣彦監督）出演。主題歌の作詞も担当

2015年（54歳）
ソロ&セッションでタイ公演
「パスカルズ」でフランス・スイス・ポルトガル公演
CD-R　石川浩司『玄関』（にゅーぎにあれこーど）
CD　THE LOCAL PROJECT『里もっちEP』（ボンボンジャパン）
CD　ふちがみとふなととパスカルズ『1と2』（パウルレコード）

2016年（55歳）
宇佐蔵べに、カイとアイドルユニット「えんがわ」結成
ソロ&セッションでタイ公演
CD-R　石川浩司『マトリョーシカ』（にゅーぎにあれこーど）
CD　えんがわ『おばんざいTOKYO』（トラッシュアップ）

2017年（56歳）
ソロ&セッションでタイ公演
CD　石川浩司&大谷氏『哀愁のホルモン鉄道』（荒野レコード）

2018年（57歳）
ソロ&セッションでミャンマー・タイ公演
「パスカルズ」でフランス・スペイン公演
映画『馬の骨』（桐生コウジ監督）出演
映画『BAD TRIP』（池本ミナミ監督）出演
CD　パスカルズ『日々、としつき』（オフィス・ロケッタ）

2019年（58歳）
パラダイス山元・大久保ノブオとトーク&パーカッションユニット「荻窪ヒッターズ」結成
みっち。とへなちょこユニット「おやつ」結成
朝日新聞ネットマガジン「DANRO」で「石川浩司の初めての体験」コラム連載四十八回。
映画『おおきなぞうとあっちゃんの星』（坂井治監督）声優出演
舞台　明日のアー「最高のアー」出演
CD　パスカルズ『凪のお暇 サウンドトラック』（Anchor Records）
三十五年間の空き缶コレクションの集大成『懐かしの空き缶大図鑑』（東海教育研究所）出版

2020年（59歳）
コロナ禍はじまる。山下由（ころばぬさきのつえ）、三木黄太（パスカルズ）失う。
コロナ自宅待機の日々で四百二十六本の映画をネットで視聴。
新生ネットマガジン「DANRO」で「地味町ひとり散歩」コラム連載。
メカエルビス、黒沢伸とロックバンド、「メカイシン」結成
とやまあおい、安田太、もぉりぃとポップバンド「Mont.Barbara（モンバーバラ）」結成
「ニヒル牛」にて「石川浩司のひとりでアッハッハー展」開催
CD-R　石川浩司『21才』（ウキュピレコード）

2021年（60歳）
三十数年ぶりに埼玉県から東京都に引っ越し。
還暦祭には現在活動中の「パスカルズ」を除くバンド七組（イシマツ、おやつ、荻窪ヒッターズ、ホルモン鉄道、ホワイトズ、メカイシン、Mont.Barbara）が出演
コロナ自宅待機の日々で五百六十本の映画をネットで視聴
「団地ノ宮」とアンビエントロックユニット「ホワイトズ」結成
エナジーゼリー「石川浩司の相棒」発売。ネットCM音楽・出演
CD　パスカルズ『となりのマサラ　サウンドトラック』（オフィス・ロケッタ）
CD　Mont.Barbara『山越え谷越えあなたに会いに』（羅針盤レコード）
映画『酔いどれ東京ダンスミュージック』（長瀬由依監督・ドキュメント）出演
映画『芸術家・今井次郎』（青野真悟 大久保英樹監督・ドキュメント）出演
映画『H6』（Ye Li監督）音楽・パスカルズ

2022年（61歳）
コロナ自宅待機の日々で八百十六本の映画をネットで鑑賞。
「代々木Barbara」で、共演者全員と即興パーカッションセッションする企画「いしかわさんといっしょ」始まる。
ワタナベイビーとふたりで「たま」の曲を演奏するユニット始める。
CD　パスカルズ『妻、小学生になる。サウンドトラック』（Anchor Records）
CD　パスカルズ『川っぺりムコリッタ サウンドトラック』（ユニバーサルミュージック）
CD　パスカルズ『さかなのこ サウンドトラック』（ランティス）
CD-R　Mont.Barbara『黄色い電車』（羅針盤レコード）
CD-R　Mont.Barbara『世界の果てまで』（羅針盤レコード）
CD-R　メカイシン『メカイシンデモトラックス』
CD-R　ころばぬさきのつえ『はやおきはさんもんのとく』（復刻）（地下生活者レーベル）
CD-R　ころばぬさきのつえ『かほうはねてまて』（復刻）（地下生活者レーベル）
映画『川っぺりムコリッタ』（荻上直子監督）音楽・パスカルズ
映画『さかなのこ』（沖田修一監督最）音楽・パスカルズ
コミック単行本『「たま」という船に乗っていた さよなら人類編』（双葉社）原作（漫画・原田高夕己）出版
共著単行本『マイノリティだと思っていたらマジョリティだった件』（ヘウレーカ）出版

「たま」という船《ふね》に乗《の》っていた　増《ぞう》補《ほ》改訂《かいてい》版《ばん》

2023年3月25日第一刷発行

著者●石《いし》川《かわ》浩《こう》司《じ》

発行者●島野浩二
発行所●株式会社双葉社
〒162-8540 東京都新宿区東五軒町3番28号
☎03-5261-4818（営業）
03-6674-1319（編集）

印刷所●中央精版印刷株式会社
製本所●中央精版印刷株式会社

装幀●星野ゆきお
VOLARE inc.

ISBN978-4-575-31789-3 C0095
JASRAC 出 2300084-301